D1452080

San Agustín

San Agustín
La persuasión de Dios

Alfonso Flórez

PANAMERICANA
E D I T O R I A L

Flórez, Alfonso
  San Agustín / Alfonso Flórez. — Bogotá:
Panamericana Editorial, 2004.
  148 p. ; 21 cm. — (Personajes)
  ISBN 958-30-1443-5
  1. Agustín, Santo, Obispo de Hipona, 354-430 I. Tit. II. Serie.
  922.22 cd 20 ed.
  AHU8497

      CEP-Banco de la República-Biblioteca Luis Ángel Arango

Editor
Panamericana Editorial Ltda.

Dirección editorial
Conrado Zuluaga

Edición
Adriana Paola Forero Ospina

Diseño, diagramación e investigación gráfica
Editorial El Malpensante

Cubierta: San Agustín en su celda por Botticelli. Galería de los Uffizi. Florencia.

Primera edición, diciembre de 2004
© Panamericana Editorial Ltda.
  Texto: Alfonso Flórez
Calle 12 N° 34-20, Tels.: 3603077–2770100
Fax: (57 1) 2373805

Correo electrónico: panaedit@panamericanaeditorial.com
www.panamericanaeditorial.com
Bogotá D. C., Colombia

ISBN 958-30-1443-5

Todos los derechos reservados.
Prohibida su reproducción total o parcial
por cualquier medio sin permiso del Editor.

Impreso por Panamericana Formas e Impresos S. A.
Calle 65 N° 95-28, Tels.: 4302110–4300355, Fax: (57 1) 2763008
Quien sólo actúa como impresor.
Impreso en Colombia
Printed in Colombia

66 Nos hiciste, Señor,
para ti y nuestro corazón
está inquieto hasta que
descanse en ti".

San Agustín

EL COMIENZO

El pueblo natal

Aurelio Agustín nació el 13 de noviembre del año 354 en Tagaste, la actual Souk Ahras en el oriente de Argelia, cerca de la frontera con Túnez. En aquel entonces el norte de África era una importante provincia del Imperio Romano, y proveía a la península italiana de granos, aceite y vino. El límite sur de la región lo constituía la cordillera de los Aures, más allá de la cual se extendía el desierto del Sahara, habitado por belicosas tribus bereberes sólo en parte asimiladas al mundo romano. La propia Tagaste era un poblado pequeño, situado en una meseta a 700 metros de altitud y distante 80 kilómetros del mar, del cual lo separaba la serranía de Medjerda, una de las últimas estribaciones orientales de la cordillera del Atlas. El mundo del joven Agustín era, pues, un mundo rural, de valles y montañas, cultivado con trigo, cebada, frutales, vides y olivos. Aunque gran parte de su vida adulta habrá de vivirla en ciudades portuarias, Agustín nunca fue un hombre de mar, ni por formación ni por afición, e incluso evitó siempre los viajes marítimos, salvo cuando fueron imprescindibles. El nombre de esta región era África Proconsular y para el siglo IV estaba tan romanizada como podía llegar a estarlo cualquier provincia de ultramar. Los restos arqueológicos testimonian la existencia de caminos, acueductos, baños públicos, foros, anfiteatros, cisternas, mosaicos y demás construcciones y manifestaciones artísticas propias de cualquier provincia romana. La población hubo de ser autóctona en su mayoría, es decir, bereber y púnica, aunque con alguna proporción de inmigrantes romanos y de otras regiones de la cuenca del Mediterráneo. La lengua oficial era el latín, pero también se hablaban el bereber y el púnico. Agustín, en todo caso, desconocía estas lenguas, y nunca se expresó más que en latín, salpicado a veces con palabras griegas.

La familia

El padre de Agustín, Patricio, era un decurión, funcionario estatal encargado de supervisar que el presupuesto alcanzase para cubrir las diferentes funciones públicas, incluidos los juegos, y de suplir cualquier insuficiencia con su propio peculio. Ello quiere decir que la familia de Agustín sin ser aristócrata tampoco era de baja extracción, aunque dado su cargo debía disponer con el máximo cuidado de su hacienda familiar. El puesto de decurión pasaba de padres a hijos y no se podía renunciar a él, salvo en el caso de ingreso al estado religioso o del ejercicio de algunas profesiones, entre las que estaba la de la enseñanza de retórica, es decir, aquella profesión que el propio Agustín habría de abrazar más tarde. Mónica, su madre, procedía de una familia también con una cierta solvencia económica, pues Agustín menciona los sirvientes que había en su casa cuando ella era pequeña. Decidida y recia, pero también prudente, esta mujer conducía su hogar del mejor modo que podía dentro de sus principios cristianos, para lo cual debía esforzarse mucho no sólo porque su marido era pagano sino también porque tenía un temperamento colérico y en ocasiones le había sido infiel. Agustín, en todo caso, recibió de su madre la primera semilla de instrucción cristiana, elemental, sin duda, dado que ella era analfabeta, pero que caló hondo, así fuera a tardar en manifestarse. Con su suave persistencia Mónica logró incluso que, poco antes de morir, Patricio se convirtiera al cristianismo y se bautizara; Agustín tenía entonces diecisiete años. Este matrimonio tuvo por lo menos otros dos hijos, Navigio y una hija cuyo nombre se desconoce, que acompañaron a Agustín en diversas épocas de su vida. La hermana de Agustín después de enviudar entró en religión siguiendo la misma regla que Agustín había elaborado para sus monjes, y Navigio estuvo con Agustín durante su periplo por Italia; así mismo, durante años Agustín mantuvo alguna relación con varios sobrinos y primos, pero en general se habría de mostrar parco en lo que tiene que ver con su familia, con la notable excepción de Mónica y, más tarde, de su propio hijo, Adeodato.

Las primeras letras

Agustín aprendió las primeras letras en su pueblo natal, y más tarde recordó con disgusto los castigos, comunes entonces, que los maestros infligían a los jóvenes aprendices. Su temor ante la posible aplicación de los azotes era tan grande que le pedía a Dios que lo librase de esa pena. Cuando ello no ocurría, los mayores, incluidos sus padres, se reían al ver al pequeño Agustín recibir aquel modo de corrección. Desde entonces desarrolló una aversión instintiva a la aplicación de penas excesivas, aun cuando pudieran estar justificadas y fueran conformes con las costumbres de la época. El Agustín adulto consideró, en todo caso, que para aprender es más apropiado el espíritu de la libre investigación, de la curiosidad natural y del deseo de saber que la coacción impuesta por miedo y temor. Como todos los niños del mundo, el niño Agustín prefería el juego al estudio, pero siendo de natural bien dotado pudo progresar en la instrucción a pesar de todos sus terrores.

Enfermedades infantiles

También lo asaltó en aquella época una primera enfermedad grave de las varias que habría de sufrir en su dilatada vida. Un agudo dolor de estómago lo puso en trance de muerte, lo que lo llevó a solicitar el bautismo, pero cuando ya todo estaba dispuesto para la administración del sacramento la enfermedad cedió, por lo que se decidió aplazar su bautizo. Y es que en aquella época haber sido bautizado y pertenecer de pleno a la Iglesia no era cosa de tomarse a la ligera, pues por un pecado grave después del bautismo se podía ofrecer la purificación debida, pero una reincidencia podía dejar al pecador por fuera de la Iglesia de modo permanente. El bautizo temprano de Agustín se difirió, pues, por temor a que aquel niño se convirtiese en un gran pecador y se excluyese del seno de la

Iglesia. Ya desde esta época Agustín estaba rodeado por un medio cristiano, con la excepción de su padre, y él mismo llegó a sentirse tan ligado a la Iglesia que pidió el bautismo cuando su vida corrió peligro. La semilla de cristianismo sembrada por Mónica en el tierno corazón de su hijo había comenzado a echar raíces.

Por otra parte, esta experiencia da pie para reflexionar sobre la salud de Agustín, que fue atacado por diversas dolencias, algunas de ellas graves, en diversos momentos de su vida. En particular, parece haber tenido un sistema respiratorio delicado, lo que en ocasiones comprometía su voz —una afección seria para alguien que se dedicó primero a la retórica y luego a la predicación—, o, dado su intenso ritmo de trabajo, le causaba una debilidad general. No fue un hombre con un organismo fuerte, lo que hace más sorprendente no sólo su longevidad —enorme para su época, e importante incluso hoy, pues murió a los setenta y seis años— sino también su fecundísima obra literaria y pastoral. Detrás de ello hay que buscar la energía y pasión que puso en todos sus actos, y también el carácter disciplinado y estricto que mantuvo consigo mismo. De Agustín se puede decir que fue un ejemplo vivo de virtud, tal como él mismo la entendía: ¡*ordo amoris*, el orden del amor!

El estudio de la retórica

La pequeña Tagaste no podía ofrecerle a Agustín más que la instrucción elemental, por lo que para continuar sus estudios hubo de trasladarse a una ciudad un poco más grande, Madaura (actual Mdaourouch), distante treinta kilómetros al sur de Tagaste. El joven Agustín, ahora de unos doce años, comenzaba a abrirse al mundo, en un proceso que lo llevaría hasta Roma, la Ciudad Eterna, y luego a Milán, la capital del Imperio. Madaura era una ciudad de ambiente pagano, de donde no se puede inferir que allí Agustín haya abandonado por completo su contacto con los cristianos o se haya entregado, libre de la cerrada tutela de sus padres, a excesos de variada índole. Al contrario, en Madaura Agustín logró aprovechar bastante sus estudios de literatura y oratoria, en concreto de gramática, antes de iniciar la fase de la retórica, que habría de adelantar sobre todo en Cartago. En la gramática se estudiaban los poetas y se aprendía la forma correcta de hablar y de escribir. El canon de corrección no era el latín del día de Agustín sino el latín clásico, el latín de Cicerón; de allí que se pusiese mucho énfasis en las reglas, en las divisiones y en la autoridad de los grandes escritores. Después de esta parte más que todo formal se pasaba a la literatura, donde de la mano de autores como Virgilio y Cicerón se buscaba el recurso ya no a la razón sino a la emoción y a la imaginación. Para este estudio se procedía a hacer una lectura en voz alta del autor o se lo recitaba de memoria, luego el maestro explicaba el estilo del pasaje y después ofrecía una explicación literal exhaustiva con amplio recurso a la etimología; en este momento la abundancia de detalles hacía que se perdiera la perspectiva general del pasaje. Por último se hacía un breve repaso de lo visto con un juicio final, con lo que se rescataba la perspectiva de conjunto. En la retórica el autor indiscutible era Cicerón, y su estudio constaba de una parte teórica y una parte práctica, orientadas al ejercicio de la elocuencia. La teoría se remontaba a los sofistas de la Grecia clásica y consistía en una serie de esquemas bajo los cuales se podía tratar cualquier tema propuesto. La práctica, sin embargo, era la parte más importante del estudio de la retórica y constaba de ejercicios preparatorios de dificultad creciente y, sobre todo, de la preparación y presentación de un discurso. Este discurso podía ser para aconsejar a un gran hombre en un momento difícil de su carrera, lo que exigía conocimientos importantes de historia, gran penetración psicológica y recursos dramáticos, o para sugerir el curso de acción correcto en una situación cuestionable, muchas veces con un orden jurídico ficticio.

Estos son los estudios que Agustín completó en Madaura y Cartago, y constituyeron el área de saber en que él ejerció su profesión durante diez años, pero cuyos ecos se encuentran, por supuesto, en toda su obra y en su propio carácter: el gusto por las definiciones, las divisiones, las clasificaciones, las etimologías; el método del comentario detallado y el recurso a las figuras de dicción y a los patrones rítmicos en el lenguaje. Pero también está aquí la raíz del atractivo que para él tuvieron los grandes argumentos, las ideas abarcadoras, los sentimientos profundos. Si la gramática despertó en Agustín su afición a la razón y al entender, la retórica lo haló en la dirección de la fe y del creer. En sus estudios ya estaba prefigurada la dialéctica que más tarde descubriría entre estas dos tendencias de la mente: *ergo intellege ut credas, crede ut intellegas* —"en consecuencia, entiende para creer, y cree para entender".

ANDARES JUVENILES

Año de vacancia en Tagaste

Después de tres años en Madaura, Agustín hubo de regresar a Tagaste, pues Patricio andaba escaso de fondos. En su ciudad natal pasó un año, mientras se hacían los arreglos para que continuara sus estudios en Cartago. No fue un año provechoso para Agustín que, liberado de pronto de la disciplina escolar y ocioso en compañía de sus conocidos, deambulaba por los campos, entregado a la fanfarronería y la necedad. Fue así como una noche él y sus compañeros saquearon los frutos, poco apetitosos y poco sabrosos, de un peral, no tanto para comerlos, aunque algo comieron, sino más bien para echárselos a los puercos. Este acto de pillaje juvenil quedó grabado en la mente de Agustín como ejemplo de aquello que por sí mismo él no habría hecho, pero a lo cual accedió por la cercanía y asociación con sus camaradas. Desde entonces y durante unos años, mientras se mantuvo en esas compañías, Agustín cometería actos de esta índole o fingiría haberlos cometido con tal de no avergonzarse de no ser desvergonzado.

El despertar sexual

El año dieciséis de su vida fue también el año del despertar sexual de Agustín. El arribo de su madurez sexual causó gran satisfacción a su padre, ahora catecúmeno, que ya se hacía ilusiones con los nietos que su aventajado hijo habría de darle. La propia Mónica tampoco sabía muy bien cómo encauzar los ímpetus de su brioso hijo; sólo acertó a aconsejarle que no fornicase y, sobre todo, que no adulterase con mujer ajena. Estas advertencias le parecían a Agustín melindres de mujeres y, por tanto, indignas de ser seguidas por un muchacho que se hacía hombre. Lo cierto es que durante un tiempo Agustín cayó en el desafuero sexual que, en todo caso, no hubo de ser muy diferente del de cualquier congénere de su edad y tampoco pasó a mayores, pues para su padre estas acciones fueron motivo de orgullo, mientras que su madre sobrellevó todo esto con paciencia, cuidando sólo que Agustín no se fuera a casar, pues ello sería un impedimento para la continuación de su carrera, en la que ella había fincado tan altas esperanzas.

Un vínculo sentimental

De todos modos, la promiscuidad sexual del joven terminó pronto, al establecer un vínculo permanente con quien habría de ser madre de su hijo y su compañera durante quince años. No se conoce el nombre de esta abnegada mujer, pero es posible que fuese coterránea de Agustín, aunque de condición social baja, pues por ello su unión nunca se pudo formalizar en matrimonio. Durante los tres lustros de su relación Agustín le fue fiel, y se le rompió el corazón cuando se separó de su lado. Ella, por su parte, entró en la vida religiosa sin haberse vuelto a unir con ningún otro varón. El hijo de ambos fue llamado Adeodato, transcripción latina del nombre bereber Iatanbaal, esto es, *dado por Baal*, en latín, *a Deo datus*, dado por Dios, que recoge la costumbre norteafricana de que el término 'Baal' apareciese en alguna parte del nombre del hijo. Esto sirve de indicación respecto de un cierto influjo bereber en la cultura de Agustín y de su medio. Adeodato nació cuando Agustín contaba unos diecisiete años, y hasta su temprana muerte, ocurrida cuando tenía también diecisiete años, será una fuente de delicia y de legítimo orgullo para su padre. Muchas de las observaciones de Agustín acerca del desarrollo infantil hubo de tomarlas, sin duda, del caso que mejor conocía, el de su propio hijo, así como la formación de su recto carácter y su avance en las letras hubieron de convencerlo de las ventajas de una pedagogía basada en la libre investigación y en la satisfacción natural de la curiosidad más que en la coacción surgida del temor al castigo.

Estudios en Cartago

Mientras estos acontecimientos se desarrollaban, la familia de Agustín pudo hacer los arreglos para que continuase sus estudios en Cartago. Pieza determinante de esos acuerdos fue Romaniano, terrateniente de Tagaste, amigo de la familia y pariente de Agustín, que tomó un interés personal en la formación del prometedor joven. Para Romaniano era importante que Agustín terminase sus estudios y pudiese ser el preceptor de sus hijos. Es muy posible que no fuese mucho mayor que el propio Agustín, lo que explicaría la cercanía que siempre hubo entre los dos. Agustín se mostrará siempre muy agradecido con su mecenas, y éste, a su vez, aunque puede proceder con la independencia que le da su fortuna, en últimas será dócil a las diferentes sugerencias de Agustín, haciéndose primero maniqueo, y luego cristiano, unos diez años después de la conversión del propio Agustín.

Hacia sus dieciséis años Agustín llegó a Cartago. Esta ciudad portuaria —distante unos 260 kilómetros de Tagaste, muy cerca de la actual Túnez— era la capital del África Proconsular y una de las mayores ciudades de todo el Imperio. Allí concurrían gentes de todas las procedencias, de todas las ocupaciones, de todas las religiones, lo que la hacía un hervidero de disipación y concupiscencia. Agustín, deslumbrado sin duda por los ofrecimientos de la gran ciudad, le tomó afición a las representaciones teatrales, en donde desfilaban todas las pasiones humanas, excitándose y condoliéndose con las alegrías y las tristezas de los histriones. Los espectáculos del circo, por el contrario, con el derramamiento de sangre de animales e incluso humana, nunca fueron de su agrado, pues desde niño le había molestado el uso de la violencia física en sí mismo o en otros. En Cartago Agustín también tuvo acceso al despliegue de los más variados ritos paganos, algunos de los cuales recordaría décadas más tarde como exhibiciones públicas llenas de lascivia, para cuya ejecución en la propia casa habría que buscar el aposento más oculto. Para el joven Agustín era imposible permanecer no ya distante, sino ni siquiera indiferente en medio de tanta depravación, y se entregó a cierta curiosidad sacrílega, teúrgica o de adivinación, que lo mantendría cautivo durante años. Entre tanto, avanzaba en sus estudios, y ya descollaba como el más capaz de la escuela de retórica, lo que lo hinchaba de no poco orgullo y le permitía relaciones cercanas con sus condiscípulos. Allí, como en todas las ciudades importantes, los estudiantes mayores se asociaban en bandas, y así juntos cometían toda clase de excesos y tropelías con los más jóvenes. Y aunque Agustín no era un participante activo de dichos desmanes, andaba con aquellos *eversores* —que así se llamaban— y gozaba de su compañía.

La voz de Cicerón

Cuando llevaba dos años de permanencia en Cartago, por tanto, cuando tenía dieciocho años, y como parte de sus estudios de elocuencia, Agustín hubo de leer el *Hortensio*, un diálogo hoy perdido de Cicerón. Ocurre, entonces, lo que se puede considerar como el primer estremecimiento de su existencia. El *Hortensio* es una obra del género protréptico, esto es, de exhortación al estudio de la filosofía, para lo cual propone el rechazo de los bienes corporales, pasajeros y externos, para dirigirse, más bien, a la sabiduría imperecedera, única fuente de la felicidad verdadera. Esta obra se conserva sólo en fragmentos, lo que da una idea de que nunca fue considerada entre las obras principales de Cicerón, y tampoco lo que de ella se conoce permite dar una explicación satisfactoria del impacto que tuvo en el joven Agustín. Es posible que su mente poderosa, preparada además por años de estudio, haya encontrado en este diálogo de Cicerón el pequeño impulso que requería para ponerse en marcha. En aquellos momentos sólo echaba de menos no encontrar en dicha obra el nombre de Cristo, pues para él siempre fue fundamental que aquel nombre apareciese en cualquier doctrina a la que fuese a dar su aprobación. Esto quiere decir que aunque no era un cristiano de derecho, Agustín se sentía vinculado, si no al cristianismo como doctrina y como institución, sí al nombre de Jesucristo como salvador. La semilla sembrada por Mónica tenía una raicilla en su corazón más honda de lo que él mismo creía. Inflamado, pues, de amor por la búsqueda de la verdad, Agustín se aplicó al estudio de la Sagrada Escritura, mas su decepción fue grande al encontrar unos libros de estilo muy pobre cuando se comparaban con los clásicos que había trabajado en su formación; además, ensoberbecido como estaba por el éxito en sus estudios, no tenía la actitud correcta, de humildad, que le habría permitido penetrar el sentido de aquellas letras y resolver ciertas dificultades que ya tenía con ellas, como era la aparente incongruencia de los evangelistas. En este estado de ánimo Agustín vino a dar con uno de tantos grupos que ofrecían su saber en Cartago. Se trataba de los maniqueos.

Maniqueo

Contacto con el maniqueísmo

En el maniqueísmo Agustín encontró respuesta inmediata a su nueva sed por encontrar la verdad, ello asociado al nombre de Cristo, y con una explicación adecuada de las contradicciones que él veía en las Escrituras. El fundador de este movimiento, Manés, nació en el 216 en Babilonia. Era lisiado y recibió una temprana influencia gnóstica, lo que quizás explique el horror que después desarrolló por el cuerpo y su preferencia por formas extremas de ascetismo. Recibió dos visiones celestes, en una de las cuales descubrió que él era el Paráclito. Mantuvo relaciones cordiales con los monarcas persas, lo que le permitió hacer una amplia difusión de sus ideas. Bajo el reinado de Bahram, sin embargo, el establecimiento sacerdotal tradicional, el mazdeísmo, lo acusó, y fue condenado y ejecutado en la cruz en el 277. La religión fundada por Manés tiene pretensiones universales y definitivas, a diferencia de otras revelaciones parciales y preliminares a la suya propia; es, además, una religión misionera comprometida con la salvación de todo el género humano; por último, es una religión del libro, pues contiene pocos rituales y ningún sacramento, y se concentra en la predicación de la doctrina contenida en sus siete libros sagrados. El maniqueísmo tuvo una rápida y amplia difusión, pues llegó incluso hasta China y sobrevivió hasta hace poco. Es posible que aún en algunas regiones de Asia haya reductos maniqueos.

En tiempos de Agustín el maniqueísmo estaba prohibido por normas estatales, pero se hallaba bien asentado en el norte de África, y aunque criticaba el cristianismo, le concedía cierto grado de verdad. Para el maniqueísmo las cartas de Pablo retenían una importancia particular, y es imposible pensar que durante el tiempo que permaneció en la secta Agustín no haya llegado a estar bien familiarizado con estos escritos, así hubiera sido con ojos maniqueos. El maniqueísmo logró buena aceptación en círculos intelectuales e ilustrados, donde fue bien acogida su promesa de una doctrina racional de la salvación. Ese fue el encanto que conquistó el corazón del orgulloso e ingenuo joven rétor, Agustín.

Las enseñanzas maniqueas

De la abigarrada doctrina maniquea interesa destacar en este punto su solución al problema del mal, que consistía en postular la existencia independiente y eterna de dos principios, uno bueno y uno malo, enzarzados en una lucha de dimensiones cósmicas de la cual procede el mundo sensible y el género humano. El principio del bien se identifica con la luz y la armonía; y el del mal, con la oscuridad y el caos. En este combate, las luminarias celestes, ante todo el sol y la luna, constituyen los bastiones más bajos del reino de la luz en su descenso a la tierra, y el primer escalón de la luz que, liberada desde la tierra, asciende al padre de la luz. Por su cuerpo, el hombre pertenece al reino de las tinieblas; por su espíritu, al reino de la luz. Por eso el hombre encuentra dos tendencias, dos almas luchando dentro de sí, un alma buena y un alma mala; la primera procede del mundo espiritual; la segunda, del mundo material. La tarea de esta última es evitar por todos los medios que el alma buena se libere de la materia y ascienda a la luna y al sol, y de allí al reino de la luz. La única vía de salvación consiste, pues, en que el alma buena recuerde cuál era su estado primigenio en el padre, y se esfuerce por recuperarlo. Para ello el primer paso, esencial, es la castidad perfecta del cuerpo, cumpliendo lo que Cristo nos ordenó. Además, los maniqueos perfectos, los llamados elegidos, llevan una dieta muy estricta, pues la carne, el vino y otros productos no son más que materia burda que contamina a quienes la ingieren; los productos que les están permitidos son aquellos que encierran una alta cantidad de la sustancia divina, sobre todo frutas y vegetales, pues la digestión que de ellos hagan los elegidos liberará la sustancia divina, contribuyendo así a la victoria final de la luz sobre la oscuridad. Dado que la sustancia divina se encuentra por doquier, ciertas actividades ordinarias como bañarse o realizar trabajos manuales les están prohibidas a los elegidos, pues en ellas hacen sufrir al hijo de la luz, Cristo, que está preso en la materia. La mayoría de los maniqueos no pertenecen a los elegidos sino a los oyentes que, incapaces de llevar todavía una vida perfecta, sirven, en cambio, a los elegidos en sus asuntos prácticos. Por lo demás, cumplen con todas las obligaciones religiosas espirituales consignadas en los Evangelios, salvo aquellas que van contra un precepto maniqueo superior, como es el de no dar alimento a alguien que no sea de su fe, pues ello equivale a poner la sustancia divina en manos de demonios.

Discípulo de Manés

Estas son las ideas más notorias de la secta en la que Agustín iba a permanecer durante diez años y que, así fuera para distanciarse de ellas, habrían de marcar amplios periodos posteriores de su vida y de su producción. Por lo pronto, hacia sus veinte años, el maniqueísmo satisface sus inquietudes respecto del origen del mal —se trata de un principio independiente—, de cómo puede Dios ser corpóreo, puesto que el hombre ha sido hecho a su imagen y semejanza —Dios es luz y está limitado por la oscuridad; el hombre participa de ambos principios—, y de los excesos que presenta el Antiguo Testamento —es una falsificación de los cristianos y debe, por tanto, ser rechazado—. Aguarda a Agustín un largo camino, hasta que logre desembarazarse de las respuestas falaces con que el maniqueísmo ha acallado sus dudas de juventud. Por lo demás, el interés del maniqueísmo en los cuerpos celestes sirvió para reforzar la práctica de Agustín de consultar a astrólogos como medio de adivinar el futuro. Hay que mencionar, por último, que en el maniqueísmo no era mal vista la situación de Agustín de tener una concubina, pues la búsqueda del propio placer era un mal mucho menor que la generación de hijos, como ocurría en el matrimonio. Se desconoce si esta fue la razón por la que Agustín y su compañera no tuvieron más hijos después de Adeodato.

En el maniqueísmo Agustín también encontró, quizás por primera vez en su vida, una comunidad de amigos sinceros, así todos estuviesen engañados por la misma fábula. Conoció así el gozo del servicio mutuo, de la lectura común, de la conversación, del solaz, de la sana diversión; con ellos también podía discutir, pero en buenos términos, tomando nota de los muchos aspectos en que concordaban y de los pocos en que discordaban; todos se alegraban con la llegada de algún compañero y así mismo se entristecían cuando otro estaba ausente. Para el espíritu gregario y delicado de Agustín el hallazgo de esta comunidad tuvo que suponer un enorme alivio, después de sus malhadadas experiencias con sus amigotes de Tagaste y con los eversores de Cartago. Este género de vida entre amigos sinceros, preocupados por la búsqueda de la verdad, constituiría para él en lo sucesivo un ideal al que ya no querría renunciar, y al que volvería una y otra vez como filósofo, como laico, como monje y como obispo.

La muerte de un amigo

A los veintiún años Agustín había concluido sus estudios y, solicitado por Romaniano, regresó a Tagaste, donde abrió una escuela de retórica. Durante la permanencia en su ciudad natal Agustín estrechó los lazos de amistad con un conocido de su infancia; se hicieron muy cercanos y, apartándolo de una precaria fe cristiana, Agustín llegó incluso a imbuirle sus creencias maniqueas. Pero este amigo suyo enfermó de gravedad y, temiéndose lo peor, fue bautizado en estado de inconsciencia. Se recuperó, sin embargo, y cuando ya pudo sostener una conversación Agustín hizo alguna broma a propósito de su bautismo, mas el otro lo cortó de inmediato, instándolo a que cesase en dicha actitud si pretendía conservar su amistad. Agustín quedó estupefacto por cambio tan repentino, pero respetó el deseo de su amigo, esperando su plena recuperación para discutir con más calma sobre el asunto. Pocos días después, estando ausente Agustín, su amigo sufrió una recaída en su enfermedad y murió. Esto fue un duro golpe moral para Agustín, que no hallaba consuelo en su inmensa tristeza; llegó a odiar todas las cosas, pues ya no le hablaban de aquella presencia tan querida, y la vida misma se le hizo tediosa, aunque tampoco quería morir, y no se explicaba cómo podían seguir viviendo los demás hombres si había muerto aquel a quien tanto amaba. Como nada lograba confortar su alma, como no fuera la amargura del llanto, optó por huir de su terruño con la convicción de que allí donde no esperara encontrar a su amigo, menos lo buscaría. Así, tras un año pasado en Tagaste, regresó a Cartago.

Maestro en Cartago

Esta vez la estadía de Agustín en Cartago fue muy diferente, pues ahora era maestro. Abrió su propia escuela y participó en las actividades características de su profesión, entre las cuales estaban la presentación en concursos, la composición de obras y el estudio personal. Mónica, después de algunas dudas por tener que vivir bajo el mismo techo que un hereje y luego de haber buscado el consejo de un obispo, optó por vivir con su hijo en Cartago. Se puede suponer que ella, y no la compañera de Agustín, sería la señora de la casa, y habrá cuidado de la educación temprana del niño Adeodato y de su primera instrucción cristiana. Mientras tanto Agustín destacaba por su elocuencia, y se le confería la corona de los vencedores, aunque siempre en justa lid. En alguna ocasión rechazó con sequedad el ofrecimiento de un arúspice para brindar un sacrificio en aras de su victoria en un certamen de poesía, pues por una corona de oro imperecedero no aceptaría que se sacrificase ni siquiera una mosca. La afición de Agustín a la astrología se distinguía con claridad de otros ritos idólatras que nunca practicó, aunque su repudio de sacrificios de animales vivos no procedía de un amor puro hacia Dios sino de las prescripciones maniqueas que prohibían dar muerte a cualquier animal. También puso su inteligencia y su competencia retórica al servicio de la secta maniquea, y fue así como venció en varias ocasiones a cristianos mal preparados, lo que, sin duda, contribuyó a afirmarlo en sus erradas creencias.

Éxito profesional, pero estancamiento maniqueo

Por esa época, cuando tenía unos veintiséis o veintisiete años, escribió su primera obra, hoy perdida, titulada *De lo bello y lo apto*, donde distingue lo bello como una totalidad que se contempla por sí misma mientras que lo apto está al servicio del objeto para el cual es adecuado. En este libro Agustín quiere vincular las categorías de su trabajo retórico con el credo maniqueo, por lo que no deja de sorprender que haya dedicado su primera obra a Hierio, un afamado rétor romano a quien él no conocía. Se pone de presente, así, que quizás la adscripción maniquea de Agustín pesaba menos en su ánimo que su afán de ascenso social que podía lograr por medio de su profesión. En esta edad Agustín ya sabía que podía llegar a descollar en su carrera, estaba bien preparado y se sentía seguro de sí mismo. Era una época en que maestros sobresalientes de retórica podían acceder a altos cargos de gobierno en la administración imperial, arrastrando en su éxito a parientes y amigos. En el maniqueísmo, por el contrario, había encontrado una especie de recetario para sus dudas intelectuales, pero después de años de haber profesado esa fe seguía sin tener una convicción interior plena. Baste mencionar en este punto que los maniqueos convencidos no buscaban la vida pública, ni aspiraban a honores. Tampoco se puede descartar la influencia que Mónica haya ejercido en las aspiraciones profesionales y sociales de Agustín. Si bien es cierto que su preocupación primera era que Agustín volviera al seno de la fe católica, tanto por temperamento como por consejo había optado por una vía de espera, confianza y oración a Dios por la conversión de su hijo en lugar de una confrontación directa, que con la animosidad de Agustín sólo habría logrado enterrarlo más en sus posiciones. Ello no obsta, sin embargo, para que Mónica pudiese ver como deseables las perspectivas que se le abrían a su brillante hijo y, con ello, a toda su familia. Hacía decenios que el cristianismo era una religión de Estado, y el propio emperador y muchos de los altos dignatarios eran cristianos, algunos católicos, otros arrianos, así no pudiese decirse que el paganismo había sido desterrado por completo. Por tanto, en la mente de Mónica no tenían por qué disputar ambos deseos: la esperanza de la conversión de su hijo y la aspiración de ascenso social para él y toda la familia.

Desencanto del maniqueísmo

En los años 378 y 381 tuvieron lugar dos espectaculares eclipses de sol que no pudieron pasar desapercibidos para los hombres de la época. Pero mientras la astronomía ptolemaica tradicional podía ofrecer una explicación razonable de dichos fenómenos, anticipándolos incluso con mucha precisión, las fantasiosas interpretaciones maniqueas no eran de ninguna ayuda para la comprensión de estos eventos ocasionales y tampoco de los acontecimientos astronómicos más regulares, como la sucesión de los días y las noches, la variación de su longitud a lo largo del año, o el movimiento del sol en solsticios y equinoccios. Frente al conocimiento común, que cualquiera podía aprender en las escuelas de matemáticas y astronomía, Agustín se sentía en desventaja al tener que recurrir a la mitología maniquea para dar cuenta de los cambios del cielo y de los astros. Sus correligionarios le aseguraban, sin embargo, que el maniqueísmo podía brindar una explicación adecuada de dichos fenómenos, pero que eso correspondía a funcionarios superiores de la jerarquía. El encargado de disipar las dudas de Agustín era el obispo maniqueo Fausto, a quien esperó largo tiempo con la ansiedad natural de quien aguarda una revelación. Cuando Agustín tenía ya veintiocho años, por fin Fausto arribó a Cartago; se organizaron reuniones generales de todos los miembros de la secta con tan ilustre visitante, a las que, por supuesto, asistió el brillante maestro de retórica. Allí Agustín pudo constatar que se trataba de un hombre simpático, de verbo fácil y elegante, pero que no decía cosas diferentes de las que él ya sabía. En esas reuniones sus intervenciones eran entorpecidas, de modo que no le era permitido entablar una discusión franca y abierta sobre las cuestiones que lo preocupaban. Cuando por fin logró tener acceso, junto con sus amigos, a un encuentro más personal y de debate, percibió de inmediato que, aparte de la gramática, aquel hombre no era versado en las artes liberales y, por ende, era incapaz de resolver sus dudas.

Dentro de la enorme decepción que le suscitó esta experiencia, Agustín pudo aclarar, sin embargo, un importante aspecto doctrinal. Pensó que, puesto que el propósito de Manés y de su enseñanza concernía ante todo a la piedad, no tendría por qué haber incluido como parte fundamental de su dogma aquellos aspectos astronómicos en los que era ignorante. Así, cuando se hicieron patentes las graves limitaciones de sus conocimientos científicos, con ello se desacreditaron también sus pretensiones religiosas. Para Agustín fue evidente que quien hablaba sin conocer de cosas en las que se podría haber ilustrado, no era digno de crédito en aquellas cosas para cuyo asentimiento sólo se podía recurrir a la fe. Cuando él mismo fue obispo tuvo mucho cuidado en no confundir cuestiones de fe y de piedad con cuestiones de ciencia, pues en éstas es posible el error siempre que ello no conduzca a la impiedad. Fue así como, tras su decepcionante encuentro con Fausto, el fuerte lazo que lo ataba a la secta se aflojó, y si permaneció asociado a ellos fue con un espíritu frío y a falta de algo mejor.

ORADOR

Viaje a Roma

No sorprende, por tanto, que desengañado de su creencia maniquea y ansioso por progresar en su carrera, Agustín pensase en cambiar de aire. Aunque puede decirse que su escuela de retórica marchaba a satisfacción, le disgustaban los alborotos de sus indisciplinados alumnos. Había oído que en Roma los estudiantes eran más sosegados y ordenados, por lo cual, atendiendo el consejo de sus amigos, optó por establecerse en aquella gran ciudad. La realización de sus planes contaba, sin embargo, con un obstáculo importante, y es que Mónica no consentía en dejarlo partir sin ella. Así, pues, hubo de arreglárselas para engañarla, fingiendo que iba a acompañar a un amigo y, en cambio, embarcó esa misma noche junto con su compañera y su hijo. Esta escena de su vida no se conoce muy bien, pero da la impresión de que su partida presurosa, dejando atrás a su madre y a su patrón, y habiendo cerrado su escuela, obedeció a un sentimiento de ahogo, de insatisfacción profunda y de tristeza por la situación que entonces atravesaba. No sólo el carácter repentino y furtivo de su acción sino también el propio hecho de lanzarse a surcar el mar son un testimonio vehemente de su estado de ánimo. Aunque comunes, los viajes por mar eran un asunto serio: si no siempre peligrosos, sí eran incómodos y largos. Los pasajeros compartían el espacio con la carga y los marineros, y las naves, por seguridad, iban bordeando la línea costera, fondeando de noche y atracando en cada puerto que encontraban. A ello hay que sumarle las nuevas sensaciones sufridas por los navegantes novatos, el golpe de las olas, el balanceo de la nave, el olor penetrante del calafateado con brea. A diferencia de las montañas, símbolos del encumbramiento y de la firmeza de Dios, para Agustín el mar, con su amargura, será imagen de la vida de este mundo y de sus peligros. La navegación hasta Ostia debió de durar unos diez días; como Roma distaba veinte kilómetros de su ciudad portuaria, ello quiere decir que en un día más Agustín ya pudo estar en Roma.

Maestro en Roma

Aunque la Roma que contemplaba el rétor africano, próximo a cumplir los veintinueve años, ya no era la capital del Imperio, con seguridad no pudo sustraerse a la profunda impresión de hallarse en los mismos foros que antaño habían recibido toda la elocuencia de Cicerón. La vieja sociedad romana se esforzaba por mantener sus privilegios y tradiciones, y a su alrededor revoloteaba el profuso ofrecimiento de toda clase de religiones y filosofías, por no mencionar los juegos y espectáculos y otras diversiones de dudoso nombre. Si Agustín pensaba encontrar en Roma una vida por completo distinta a la que llevaba en Cartago, por lo pronto su expectativa se vio defraudada, pues fue acogido en la casa de un maniqueo acomodado y prosiguió con las relaciones que ya traía con la secta. Su actitud, aunque un poco más crítica, en realidad no sufrió mayor cambio, pues el trato con muchos camaradas maniqueos lo volvió indolente en relación con la búsqueda de la verdad. Al poco tiempo de arribar a la ciudad cayó presa de unas violentas fiebres, causadas quizás por la malaria, y poco le faltó para morir. Se recuperó a tiempo para iniciar sus clases con el periodo escolar, esto es, a mediados de octubre, sólo para encontrarse con una nueva contrariedad, pues si bien los estudiantes romanos no eran bulliciosos como los de Cartago, se ponían de acuerdo, en cambio, para no pagarle a su maestro, y buscaban en gavilla a algún otro. Esto le ocasionó no pocos disgustos a Agustín y, sin duda, trastornos de orden práctico.

Alipio, el amigo

Aparte de sus compinches maniqueos, Agustín pudo contar en Roma con el apoyo de un amigo oriundo también de Tagaste, y que con el correr de los años habría de convertirse en uno de sus colaboradores más cercanos y hermano de su corazón, como él mismo lo llama. Aunque Alipio también era maniqueo, credo al que se había convertido a instancias de Agustín, para éste representaba más un amigo sincero, de los que tanto necesitaba en una ciudad extraña, que un mero correligionario. Alipio había sido discípulo de Agustín, primero en Tagaste y luego en Cartago, y después había estudiado derecho en Roma, donde trabajaba como asesor del conde del erario de las tropas italianas. En este puesto pudo ponerse a prueba su probidad, cuando rechazó impertérrito los intentos de soborno de un poderoso senador. Si Agustín era aficionado al teatro, Alipio lo era de los juegos circenses. Por una amonestación involuntaria de Agustín ya se había apartado de ellos cuando vivía en Cartago, pero cuando ya estaba en Roma volvió a caer en su red, a pesar de todo su esfuerzo por evitarlo. Sucedió que un día se encontró por casualidad con unos amigos que se dirigían al anfiteatro. Ellos, conociendo de su desagrado por estos espectáculos, lo arrastraron con suave violencia adonde tenía lugar el evento. Él rehuyó al principio, pero al final cedió, proclamando, eso sí, que aunque llevasen su cuerpo, su alma se resistiría, de modo tal que él estaría sin estar. Cuando llegaron y se acomodaron, todo el anfiteatro hervía con la crueldad de los juegos. Alipio cerró los ojos para prohibir a su alma contemplar tanta maldad. En un momento de la lucha fue tanta la gritería y la excitación de la plebe que, vencido por la curiosidad, Alipio abrió los ojos, seguro de que vencería lo que viera, fuese lo que fuese. Pero como el gladiador en la arena, su alma sucumbió ante aquel golpe, se enardeció y rugió con la multitud, y ya no apartó la vista del cruelísimo espectáculo en el que la sangre del otro era el placer propio. Sólo mucho tiempo después habría de librarse Alipio de su gusto por los juegos circenses, mas no por presuntuosa voluntad propia sino por gracia del Señor.

Escéptico

En medio de la tibieza y la incertidumbre en que se encuentra durante su permanencia en Roma, Agustín se pregunta si aquellos filósofos que se llaman académicos no serán los más prudentes, al tener como principio que se debe dudar de todo por no poder el hombre llegar a ningún género de certeza. Por sus estudios de elocuencia, Agustín tenía que estar familiarizado con las doctrinas académicas, pues Cicerón, su gran modelo y adalid, profesaba tesis escépticas. Para comprender por qué los sucesores de la Academia de Platón pudieron llegar al escepticismo baste decir que ello, en cierta medida, es una consecuencia del rechazo platónico de la validez del conocimiento sensible. Los filósofos académicos, supuestos herederos de Platón, terminaron afirmando sólo la parte destructiva de la epistemología platónica, es decir, la imposibilidad de obtener un conocimiento cierto por medio de los sentidos. Para todos los efectos esto equivale a un escepticismo que conduce a la suspensión del juicio, al no poder encontrar el sabio, buscador de la verdad, signos irrefutables de esa verdad. Como en la vida práctica hay que tomar algún curso de acción —pues incluso no obrar es ya un modo de obrar—, el sabio se dejará guiar sólo por aquello que es más probable en cada caso, aunque sin prestarle su asentimiento. Este escepticismo académico estaba muy difundido en la época de Agustín, y se prestaba bien para un ambiente de descreimiento y dudas, como el que se podía encontrar en la vieja sociedad romana. Los coqueteos de Agustín con el escepticismo no pasarían de ahí, pues no tenía talante ni formación para asumir en serio esta doctrina filosófica. Apenas dos años después de estos escarceos con el escepticismo académico, Agustín escribiría como primera obra después de su conversión un diálogo *Contra los académicos*. No sorprende que allí su principal objetivo sean ideas ciceronianas de corte escéptico.

Orador imperial

Mientras tanto, y en forma un tanto irónica, la vida de Agustín iba a tomar un rumbo decisivo. La ciudad de Milán, en efecto, había escrito al prefecto de Roma, Quinto Aurelio Símaco, para que le proveyese un maestro de retórica. Agustín vio en ello una excepcional oportunidad de ascenso profesional y, harto como estaba de sus timadores estudiantes romanos, se ofreció para el puesto, recurriendo para ello a los favores de sus conocidos maniqueos. Símaco, que procedía de una distinguida familia y pertenecía al senado, acababa de ser nombrado prefecto de Roma; había sido un brillante orador, alabado por todos sus contemporáneos, incluso cristianos, como Prudencio y Ambrosio, y fue uno de los últimos grandes defensores del paganismo, solicitándole al propio emperador la restauración del altar de la Victoria en el palacio del senado. Parecía que Símaco era quien manejaba los altos cargos imperiales relacionados con la retórica y con la elocuencia, pues los grandes oradores de la época, comenzando por Ausonio, fueron todos favorecidos con su beneplácito. Los amigos maniqueos de Agustín habían de estar muy bien relacionados si pudieron tener acceso a Símaco y hacer una presentación apropiada de su candidatura. Símaco, que había sido prefecto de África, sentía simpatía por sus gentes, y después de la prueba de dicción, un requisito formal, decidió que Agustín era el hombre adecuado para enviar a Milán, residencia del emperador y, por tanto, capital del Imperio. No es probable que Símaco hubiera recomendado a un cristiano para ese puesto, por lo que la ambigua situación de Agustín en cuanto a sus creencias por una vez lo favoreció. Es posible también que los maniqueos pensaran que con este movimiento ponían a uno de sus hombres en la corte, pero sólo lograron que Agustín se alejase ya del todo de su secta.

Viaje a Milán

Agustín llegó a Milán un mes antes de cumplir treinta años. Aunque habría de tener funciones de enseñanza, ya no era un simple maestro, sino el orador de la corte, encargado, por tanto, de pronunciar los panegíricos en honor del emperador y demás miembros de la familia imperial. ¡Un cambio notable para alguien que procedía de una familia modesta de un oscuro rincón del Imperio! Como se trataba de un puesto ante la corte, tenía derecho a utilizar medios oficiales para su desplazamiento, por lo que el viaje de Roma a Milán lo pudo hacer en la posta imperial. El trayecto de 600 kilómetros se cubría en una semana de viaje, que para Agustín y sus acompañantes debió de ser el más cómodo de sus vidas. A Milán

Agustín llegó con su familia y con el inseparable Alipio. Allí hubo de procurarse una vivienda adecuada, además de sirvientes, taquígrafos y copistas, todo ello en conformidad con las exigencias de su nuevo cargo. Las noticias de su nombramiento ya se conocerían en África, pero por ser otoño ya se había cerrado la navegación. Así, pues, Mónica, su hermano Navigio, sus primos Lastidiano y Rústico, y su amigo Nebridio no podrían arribar a Milán antes de la primavera siguiente. Es difícil pensar que estas personas se hubiesen propuesto viajar donde Agustín si él mismo no las hubiese invitado, no sólo porque añoraba la compañía de los suyos sino también porque desde su nuevo cargo podía dar de comer a mucha gente.

Con Ambrosio

El obispo Ambrosio

Aparte del propio emperador, la figura dominante en Milán era su obispo Ambrosio. Unos quince años mayor que Agustín, Ambrosio procedía de una distinguida familia de la aristocracia romana, había estudiado las artes liberales, y gracias a su talento y conexiones llegó a gobernador de la provincia de Emilia-Liguria. Siendo gobernador se vio envuelto en una disputa por el nombramiento del obispo de Milán, con la consecuencia de que él mismo fue elegido para el cargo. Ya llevaba diez años como obispo de Milán, tiempo durante el cual estudió la literatura cristiana, fomentó el ascetismo y reorganizó el culto a los difuntos en los cementerios. Poco antes de llegar Agustín a Milán, Ambrosio se había enfrentado a Símaco por la cuestión del traslado del altar de la Victoria, oponiéndose a la petición del prefecto romano; de este conflicto había salido triunfador. Su energía y reciedumbre de carácter no admitían duda, como se vería en los eventos del año siguiente. Justina, la madre del joven emperador Valentiniano II, era de profesión arriana, y había solicitado para el obispo arriano de la ciudad la basílica Porciana. El pueblo se levantó, y Ambrosio hubo de convencer a Justina de que retirara la petición. Así se hizo, pero se reiteró al año siguiente. Entonces

Ambrosio se encerró con sus fieles dentro de la basílica, y resistieron el asedio de las tropas, él predicándoles, ellos cantando himnos para combatir el agotamiento y el aburrimiento. Fue la primera vez que en la Iglesia occidental se adelantó esta práctica litúrgica, común en la oriental. En estos últimos acontecimientos tomó parte activa Mónica, muy cercana del obispo de Milán y obediente a él. Los servicios diplomáticos de Ambrosio también fueron importantes, ya que después del asesinato del emperador Graciano fue enviado como embajador a Tréveris, ante el usurpador Máximo, con el fin de rescatar el cadáver de Graciano y, sobre todo, de hacerlo desistir de que invadiera Italia. Con ello Ambrosio ayudó a preservar la continuidad del trono imperial.

Los sermones de Ambrosio y el abandono del maniqueísmo

A esta figura poderosa e imponente el recién llegado hubo de rendirle una visita de cortesía. Ambrosio no ignoraría que se trataba del recomendado de Símaco, y Agustín sentiría curiosidad por conocer a quien pudo derrotar al más influyente de los paganos de la vieja guardia. Dejando de lado cualquier prevención, Ambrosio recibió a Agustín con el afecto de un padre y le expresó el gozo de que hubiese llegado. Esta afabilidad desarmó a Agustín que, como orador profesional que era, fue a escuchar con oído crítico la predicación de Ambrosio. Sus sermones eran suaves y eruditos, aunque carecían del encanto y dulzura de los de Fausto. Mas no pudiendo separar por completo la forma del contenido, poco a poco fue comprendiendo que era posible una lectura diferente de la Sagrada Escritura, no una lectura literal sino espiritual, con lo que muchos pasajes que hasta entonces él había considerado un sartal de absurdos cobraban un nuevo sentido, ante el cual era difícil resistirse. La doctrina católica podía, después de todo, ser defendida con sensatez. Trató entonces de refutar la doctrina maniquea acerca de la materia, y aunque no encontró ningún argumento convincente para ello, sí pudo constatar mediante dicho examen que las enseñanzas corrientes de los filósofos acerca de la naturaleza de las cosas eran más probables que las de los maniqueos. En conformidad, pues, con el talante escéptico que había adoptado, decidió abandonar la secta maniquea, aunque se negó a abrazar cualquier doctrina filosófica, al no encontrar en ellas el nombre salvador de Cristo. Por lo pronto, resolvió permanecer catecúmeno de la Iglesia católica, por ser ella la fe de sus padres, mientras hallaba la luz de la verdad que alumbrase su camino. ¡Ya no era maniqueo!

Mónica en Milán

Cuando en la primavera siguiente Mónica llegó a Milán, Agustín la recibió con la noticia de que había renunciado a la secta maniquea. Su reacción desconcertó a Agustín, ya que después de tantos años, de tantas plegarias y de tantas lágrimas que había ofrecido por la conversión de su hijo, ella no se exaltó fuera de proporción, pues, por un lado, aunque Agustín había abandonado el camino de la falsedad todavía no se hallaba en el de la verdad, y, por otro lado, ella tenía puesta su confianza en que el Señor obraría la conversión completa de Agustín, por lo que este paso en particular no la podía alegrar en demasía. Por el contrario, de inmediato se vinculó a la iglesia de Ambrosio, donde redobló sus oraciones y sus súplicas. Sus prácticas de piedad se plegaron de inmediato a las orientaciones del obispo, y fue así como abandonó la costumbre africana —contra la que después el propio Agustín habría de luchar en su tierra— de llevar ofrendas de pan y vino a las tumbas de los mártires, por prestarse ello de excusa para caer en excesos con el pretexto de cumplir una obra de caridad.

Ambrosio y Agustín

Entretanto las relaciones de Ambrosio con Agustín discurrían por cauces de estudiada frialdad. Salvada la visita de cortesía, el obispo no tenía por qué pensar más en aquel funcionario de la corte, tanto más cuanto que por causa de su disputa con Justina sus relaciones con los cortesanos habían de ser tirantes. Agustín tampoco ofrecía un perfil que pudiese revestir un interés especial para el obispo: se trataba, en efecto, de un maestro de retórica africano que, gracias a vínculos que Ambrosio despreciaba, había accedido a un cargo oficial. Lo que es peor, aunque su madre era una cristiana devota, el nuevo funcionario era maniqueo, lo cual puso en alerta la sensibilidad cristiana del obispo. Agustín, en cambio, veía en Ambrosio a un hombre feliz, prototipo del sabio filosófico, pues dentro de su fe ejercía un trabajo de elocuencia y de inteligencia, era admirado por todos y se le tributaban altos honores; sólo su celibato le parecía trabajoso. Las veces que Agustín quiso acercarse a Ambrosio sólo recibió breves respuestas, que en nada ayudaban a esclarecer sus dudas. En otras ocasiones en que Ambrosio estaba en su despacho leyendo en silencio —lo que era una novedad para la época—, como dejaba abierta la puerta para que entrara quien quisiese, Agustín se acercaba cargado de preguntas, pero no osaba interrumpir los pocos ratos de concentración de aquel hombre ocupadísimo. Agustín no logró explicarse las razones de aquella lectura silenciosa de Ambrosio, y pareció no caer en cuenta de que el obispo no quería tener tiempo para él. Tampoco a Agustín le sobraba el tiempo, pues debía preparar y dictar sus clases, pronunciar los discursos oficiales —motivo principal de su trabajo—, adelantar las lecturas y elaborar el material pertinente para cada caso. Fue un periodo de gran confusión, en el que el único recurso que Agustín todavía tenía disponible era el de asistir a la predicación pública de Ambrosio. Gracias a la interpretación alegórica de las Escrituras que Ambrosio ofrece, Agustín comienza a liberarse de otra idea, herencia de su paso por el maniqueísmo, y es la de pensar que Dios tiene una figura corporal. Aunque todavía no lograba representarse una sustancia espiritual, al menos le quedaba claro que la interpretación maniquea de las Escrituras era tendenciosa e impía. Por paradójico que parezca, a medida que avanzaba en esta lenta comprensión de la verdad, su confusión aumentaba, pues no lograba explicarse cómo pudo

ser retenido tantos años por aquellas fruslerías. Con esta cons-
tatación más se asentaba en su actitud escéptica, pues temía
volver a sufrir un vil engaño si prestaba su asentimiento a esta
nueva doctrina.

Ambiciones terrenales

Planes de vida

En lo que tiene que ver con sus aspiraciones mundanas, Agustín no sólo no había renunciado a ninguna de ellas sino que, con su ascenso social, consideraba que tenía buenas posibilidades aun de mayor progreso. Los honores, el poder, las riquezas —es decir, el conjunto de los bienes en su clasificación estoica— se le seguían presentando como lo más deseable, todo ello unido a un matrimonio conveniente, con el cual no sólo pudiera satisfacer su concupiscencia sino también mejorar su situación económica. Razonaba también, con buen sentido, que las cosas del mundo tienen un no pequeño atractivo y no es cosa de ir renunciando a aquello a lo que quizás haya que regresar pronto. Con sus amigos, entre ellos Alipio y Nebridio, continuaba en la búsqueda de la sabiduría, lo que, según los ideales de entonces, no reñía con sus legítimas ambiciones mundanas. Pero Alipio le había advertido en repetidas ocasiones que, de todos modos, el matrimonio sería un obstáculo para la realización del proyecto común en el que estaban empeñados él y su grupo. Está claro que la búsqueda de Agustín no era una búsqueda solitaria sino que se inscribía dentro de los cánones de la amistad del mundo antiguo. Los proyectos solitarios de vida, fuera en búsqueda de santidad, fuera en búsqueda de sabiduría, que en últimas coincidían, eran un fenómeno nuevo en la cuenca del Mediterráneo y se habían originado con los primeros monjes del desierto de Palestina y Egipto. Agustín, por el contrario, participaba de los modelos comunes filosóficos y religiosos donde la búsqueda de sabiduría y santidad se hacía en el seno de una comunidad de amigos. Aunque más tarde llegaría a conocer acerca de las experiencias de los anacoretas cristianos, ni por temperamento ni por formación hubiera podido considerar la vida en solitario como un ideal a seguir. Mientras tanto, como no quería renunciar a la compañía de la mujer, se esforzaba por justificar su posición señalando que muchos y grandes varones se habían podido dedicar a la filosofía sin ser célibes. A estas alturas el grupo ya sumaba unas diez personas, y en un primer intento por poner en práctica sus altruistas deseos llegaron al acuerdo de compartir sus bienes, correspondiéndole cada año la administración a uno mientras los demás estudiaban; Romaniano, que por cuestión de negocios había arribado a Milán hacía poco, era uno de los que más insistían en ello, teniendo su parecer mucho peso dada su cuantiosa fortuna. Pero lo que el dinero no pudo, lo consiguió el amor a la mujer, pues mientras en aquella comunidad unos pensaban permanecer célibes, otros, comenzando por Agustín, no estaban dispuestos a renunciar a su compañía; y así, en medio de tales discusiones, el proyecto se vino abajo.

Adiós a la amada

También por estos días, a instancias de Mónica, se concertó el matrimonio de Agustín. Se trataba de una idea lógica, pues a los treinta años ya era hora de que Agustín formase una familia y comenzase a llevar una vida más ordenada según las normas sociales. Con ello, Mónica también esperaba que al llevar una vida más regular su hijo se aproximase a las fuentes bautismales. Se pidió, pues, la mano de una joven milanesa a la que le faltaban casi dos años para poder casarse; la muchacha habría de tener, por tanto, diez años, pero como era del gusto de Agustín estaba dispuesto a esperar. Lo que no se podía permitir, en todo caso, era que Agustín continuase su relación con la madre de Adeodato, ya que eso era un impedimento para el matrimonio. Se decidió, pues, que aquella mujer regresase a África, mientras que su hijo permanecería al lado de Agustín. La profunda herida que éste sufrió con la separación habría de durarle un largo tiempo, y también ella debió atravesar por un sufrimiento atroz, pues a su regreso a África hizo votos de no volverse a unir con ningún hombre. Para ella el hombre de su vida fue Agustín, padre de su hijo y su compañero y amante durante quince años. Mujer humilde, se resignó a su suerte, pero ¡cuánto amor hubo de abrigar aquel corazón! Agustín, sin duda, también amaba a aquella mujer, pero no podía casarse con ella ni continuar con ella. No podía casarse, pues había leyes que prohibían matrimonios entre clases sociales tan dispares; él era ahora un funcionario de la corte y ella una pobre mujer de provincia. Tampoco podía continuar con ella porque su carrera y sus futuros ascensos estaban de por medio, y sólo un matrimonio ventajoso podía garantizarlos. En todo este episodio Agustín parece víctima de las circunstancias; víctima, sobre todo, del arribismo de Mónica, que habría procedido a su antojo ante la pasividad de Agustín. Pero quizás el más interesado, el propio Agustín, cumplió un papel más activo de lo que se ha podido suponer. La niña milanesa era de su agrado y él se había hecho a la idea de esperar un par de años para casarse. Aunque no exultaba de gozo, estaba entusiasmado. Por lo demás, el broche de esta historia aporta algún elemento adicional de juicio. Agustín, sin poder esperar todo ese tiempo sin sostener relaciones, se consiguió otra mujer con la cual poder satisfacer o incrementar incluso su sensualidad mientras llegaba el matrimonio. Aunque las opiniones de Agustín acerca del matrimonio habrían de sufrir un desarrollo importante en el curso de su vida, en esta época lo considera poco más que el remedio social de la concupiscencia; en él todavía no hay espacio para ese vínculo de amistad que es la semilla de la comunidad humana de que hablaría más tarde.

Espejismos de felicidad

Aunque parecía seguro de lo que quería, ya en este tiempo comenzó a manifestarse una cierta desazón en la aspiración de Agustín por los bienes mundanos. Ocurrió que un día se dirigía a pronunciar un panegírico importante, pues era en honor del emperador, e iba no sólo tenso por la ocasión sino muy inquieto con sus pensamientos. Sentía una fractura en su interior, pues el honor de la ocasión contrastaba con la mendacidad de su discurso. El emperador Valentiniano II era aún muy joven para haber logrado realizar por su cuenta cualquier acción de mérito. Sin embargo, eso era lo que el orador imperial debía loar. Atrapado entre la dignidad y la mentira, Agustín se sentía miserable. Se cruzó, entonces, en una de las calles de Milán con un mendigo que, ebrio de vino y satisfecho con unas monedas, bromeaba y reía. Con tan poca cosa aquel hombre era feliz, mientras Agustín con años de estudio y cubierto de merecimientos se encontraba angustiado y tembloroso. Aunque la felicidad del mendigo era falaz, mucho más lo era aquella que Agustín esperaba obtener adulando y engañando. Si seguía los caminos del mundo era más por una cierta convención, porque eso se esperaba de él, que por férrea convicción.

Abandono de la astrología

Como parte de su alejamiento del maniqueísmo, Agustín también terminó con su afición a la astrología. Ya desde hacía un tiempo su confianza en tales artes había empezado a verse conmovida, primero en Cartago por las amonestaciones del procónsul Vindiciano, que en alguna ocasión le había impuesto la corona de vencedor en uno de los certámenes de oratoria. En tono paternal y benigno Vindiciano le advirtió que no gastara su tiempo y dinero en tales engaños, que cuando acertaban lo hacían más por suerte que por arte. Su amigo

Nebridio también se burlaba de aquellos artilugios adivinatorios, y en este punto siguió oponiéndose a Agustín en reiteradas ocasiones, tanto en Cartago como después en Milán. Poco a poco Agustín había ido aceptando la opinión de Nebridio, pero lo que lo llevó a decidirse del todo fue un encuentro que tuvo con Firmino, educado éste en las artes liberales y bien entrenado en retórica. Firmino, personaje de posición, visitó a Agustín con el ánimo de recibir consejo astrológico sobre algunos negocios que tenía. En tono dubitativo Agustín le ofreció su conjetura, advirtiéndole, eso sí, que estaba casi convencido de que aquella práctica era ridícula y vana. Firmino entonces le relató a Agustín la historia de su nacimiento, y cómo su alumbramiento había ocurrido en el momento exacto en que una criada también daba a luz. Sin embargo, el hijo de la criada seguía siendo un criado, mientras él gozaba de riquezas y honores. Con esta narración cedió la última resistencia que aún quedaba en la mente de Agustín, y en adelante ya no volvió a creer en semejante palabrería, instando al propio Firmino a que apartase de sí aquella curiosidad. Ya después Agustín habría de proveer un argumento analítico para refutar las pretensiones de la astrología, pues ocurre con frecuencia que los mellizos, como en el caso bíblico de Jacob y Esaú, tienen destinos muy diferentes. A la objeción de que, de todos modos, hay un tiempo de diferencia, así sea breve, entre el nacimiento de los dos, tiempo que puede introducir enormes variaciones en el curso de la naturaleza, Agustín respondía que diferencias tan pequeñas no aparecen en las tablas confeccionadas por los astrólogos, y con base en estas tablas aquéllos elaboran sus predicciones. Más que el mismo argumento, que parece elemental, impresiona la radicalidad con que Agustín lo asume. Agustín podía ser lento en llegar a una decisión, pero una vez que había estudiado una cuestión desde todos los puntos de vista, no rehuía la aceptación de las consecuencias que de allí se seguían.

Frialdad cristiana

Aunque Agustín ya no era maniqueo, lo seguían inquietando aquellas cuestiones de las cuales el maniqueísmo le llegó a dar una respuesta, así ya no pudiese aceptar esa respuesta. Aparte de la interpretación de las Escrituras, asunto que había ido aclarando de mano de los sermones de Ambrosio, seguía atormentado por los problemas de la naturaleza corpórea de Dios y del origen del mal. Siendo catecúmeno de la Iglesia, aunque frío aún, había abandonado ya aquella actitud escéptica de la suspensión del juicio. Creía en la existencia de Dios, en su inmutabilidad, en su providencia, en su juicio sobre todos los hombres, y en la vida eterna que se puede alcanzar por medio de Jesucristo y de la Sagrada Escritura. ¡Pero cuántos errores no escondían estas palabras! La sustancia de Dios era corpórea; Jesucristo era un gran varón de inigualable sabiduría; el ejemplo que nos había dejado era el de despreciar las cosas temporales. Y seguía sin respuesta satisfactoria para la cuestión del origen del mal. Y aunque Agustín podía decir que creía todo esto, ni su vida ni su alma reflejaban lo que creía, como lo mostró un incidente ocurrido entonces. Por aquellos meses, cuando Agustín ya andaba en los treinta y un años, tuvo lugar una ronda más del enfrentamiento entre la emperatriz Justina y el obispo Ambrosio. Éste, avisado en una visión del lugar donde yacían los restos incólumes de los mártires Protasio y Gervasio, los exhumó y los trasladó a su basílica con gran solemnidad y en medio del fervor popular. Mientras el desfile pasaba, personas endemoniadas recobraban la salud, un ciego de muchos años volvió a ver con sólo tocar sus ojos con el pañuelo que había aplicado al féretro de los santos; estas noticias se difundieron, haciendo que creciera la multitud y su piadoso clamor. Todos los católicos de Milán estaban conmocionados por los hechos y llenos de satisfacción por lo que ellos significaban para la emperatriz de profesión arriana. Fue una gran victoria de Ambrosio que Agustín observó a distancia, sin dejarse conmover ni por los milagros, ni por la piedad, ni por la emoción de su propia madre. El aceite que aquella lámpara necesitaba para comenzar a arder con fuerza provendría de un sitio inesperado.

De camino hacia Dios

Encuentro con los platónicos

Como capital del Imperio, en Milán se congregaban adeptos de toda clase de prácticas filosóficas y religiosas. Con tantos conocidos como allí tenía Agustín, vino a dar con un círculo neoplatónico que frecuentó durante varios meses, y en cuyos libros encontró nuevas revelaciones. Los neoplatónicos seguían las enseñanzas de Plotino y de Porfirio, filósofos de lengua griega que habían vivido unos cien años antes de estos acontecimientos. Basándose en Platón, el neoplatonismo sostenía que la verdadera realidad no era de naturaleza sensible, sino inteligible, como los objetos matemáticos, y que esta realidad se organizaba conforme a una jerarquía de principios, desde el más alto, el bien absoluto, hasta el más bajo, que daba origen al mundo sensible. La tarea del hombre consistía en reconocerse como un alma presa en un cuerpo para, a partir de allí, emprender una labor de purificación por medio de las virtudes con el fin de arribar a la contemplación del primer principio y unión con él. Aunque no eran abiertos despreciadores del cuerpo como los maniqueos, se mantenían en guardia contra sus asechanzas y se esforzaban por dominar sus pasiones, como condición de acceso al mundo espiritual. Este conjunto de ideas constituyó la llave que liberó a Agustín de sus últimos prejuicios materialistas. Comprendió así que el mundo sensible, sin carecer de alguna realidad, no era la realidad verdadera, pues ésta era de naturaleza espiritual y moraba en el seno de la divinidad, y todo lo que en el mundo sensible hubiese de bello y de bueno era sólo un reflejo de la belleza y bondad imperecederas. Los cambios del mundo no tenían, entonces, por qué afectar la absoluta inmutabilidad del ser divino. El hombre, con su razón y no con sus sentidos, podía penetrar en los secretos de aquella región inteligible, para lo cual no tenía que volcarse sobre las cosas sino adentrarse en sí mismo, pues en su espíritu residían ciertos vestigios de aquellas verdades inconmutables. Quizás lo decisivo para Agustín en esta instancia fue que encontró una explicación al problema del mal. El mal no era una realidad positiva sino cierta ineptitud de unas cosas para convenir con otras, aunque en su totalidad el universo estuviese muy bien ordenado. No habría mal si no hubiera cosas buenas, pues la corrupción sólo era la privación de un bien, y la corrupción completa equivale a la aniquilación de la cosa, no a la imposición de una nueva realidad en ella. Después de su desengaño maniqueo y de su posición escéptica, es comprensible que Agustín estuviese muy emocionado con sus últimos descubrimientos. Comenzó a hablar como filósofo y a alardear ante sus amigos de tener las respuestas que tanto habían buscado. Llegó a un grado tal de infatuación y soberbia que después habría de reconocer que quizás hubiese permanecido apegado a las doctrinas platónicas si primero no hubiese sido instruido en la enseñanza católica. La semilla de cristianismo que en su niñez Mónica había sembrado en su alma ya era una planta que, aunque sin fruto, con sus raíces evitaba que el suelo de la piedad de Agustín fuese barrido por los vientos de otras creencias.

El sacerdote Simpliciano

Deseoso como estaba de compartir sus descubrimientos, Agustín buscó el consejo de Simpliciano, sacerdote mayor que ayudaba a Ambrosio en el ministerio. Simpliciano había instruido a Ambrosio en la doctrina cristiana antes de su bautismo y ordenación episcopal, y a su muerte habría de sucederlo como obispo de Milán; en la diócesis era tenido en alta estima por su talante bondadoso y sus dotes como instructor de almas. Si Agustín acudió a Simpliciano es porque seguía frecuentando la iglesia, y como sus relaciones con Ambrosio eran distantes recurrió al anciano sacerdote movido por su experiencia y generosidad. Ante las emotivas manifestaciones de Agustín a propósito de los libros de los platónicos que había leído, el astuto Simpliciano lo felicitó, pues de todas las escuelas filosóficas los platónicos eran quienes más se acercaban al misterio cristiano, por no tratarse de un sistema materialista como sí lo eran las demás filosofías. Pasó, entonces, a narrarle la historia de Mario Victorino, que él conocía por haber tomado parte directa en ella. Mario Victorino, africano como Agustín, había sido un brillante maestro de retórica en Roma; alcanzó incluso el honor de que en vida se le erigiese una estatua en el foro. A avanzada edad llegó a convencerse de la verdad de las Escrituras cristianas, confiándole a Simpliciano, por entonces en Roma, los progresos que hacía en su lectura y cómo ya se sentía en secreto un cristiano. Mas Simpliciano lo amonestaba, replicándole que no creería en sus manifestaciones mientras no lo viese en el templo participando de los ministerios de Cristo. Victorino desestimaba estos reproches, aduciendo que unas paredes no hacen a alguien cristiano. Se disculpaba, pues dada su encumbrada posición sentía vergüenza y temor de hacer una manifestación pública de la fe cristiana, él, que durante tantos años y con tanta vehemencia había hecho apología de los dioses y ritos paganos. Mas llegó el día en que temiendo que si negaba a Cristo delante de los hombres él lo negaría delante de sus ángeles, de improviso y con firmeza le pidió a Simpliciano que lo acompañase a la iglesia. Allí recibió la catequesis y el bautismo, y después hizo profesión pública de su fe delante de todo el pueblo, que se hallaba muy admirado por un cambio tan notable, mientras sus adversarios paganos se consumían de ira. La hábil estratagema de Simpliciano surtió efecto, pues al punto que hubo relatado estas cosas, Agustín se encendió en deseos de imitar a aquel hombre, de quien se sentía un pálido reflejo. Sin embargo, cuando Simpliciano, para concluir la narración, indicó que unos años después de su conversión, y en razón de un decreto del emperador Juliano el Apóstata, Mario Victorino había sido obligado a abandonar su cátedra por razones de fe, Agustín ya no pensó que el importante orador fuese tan valiente cuanto afortunado de haber tenido que renunciar a los honores mundanos por causas externas, ajenas a su voluntad.

En esos momentos, aunque Agustín había hecho un progreso importante en relación con el esclarecimiento intelectual de sus dudas, se sentía perplejo sobre el curso de acción a seguir. En su vida personal disponía de un grupo de amigos, dispuestos todos a emprender un nuevo género de vida si tan sólo conociesen qué principios habrían de guiarlos en esa empresa; en su vida pública se hallaba comprometido con el desempeño de sus funciones y tenía aspiraciones legítimas de seguir mejorando su condición, gracias a su trabajo y al matrimonio que ya había sido concertado. Así, el relato de la conversión de Victorino le era de menor ayuda que lo que había pensado en un comienzo. Victorino se había convertido al cristianismo al final de su carrera, después de haber recibido todas las dignidades a su alcance, e incluso la renuncia a sus clases había sido obligada. Agustín, por el contrario, se encontraba al inicio de su carrera, aún no había recibido honor o riqueza, y estaba atado por un fuerte vínculo laboral. Sin querer desistir no ya de los bienes mundanos, ni siquiera del ejercicio de su profesión, por el que había ido primero a Cartago, luego a Roma y ahora a Milán, en su ánimo pesaban más, sin embargo, los proyectos añorados desde su primera juventud de poder dedicarse a la investigación de la verdad. Atraído por una vida de estudio y meditación, las ocupaciones del mundo comenzaban a serle odiosas. Estaba también la cuestión de su convivencia con una mujer. Desde su adolescencia había mantenido con regularidad relaciones sexuales, y no se sentía capaz ni deseoso de dejarlas. No es que tuviese una libido fuera de lo común, sino que la costumbre lo había aherrojado con una cadena de necesidad que tanto más lo apretaba, cuanto él más quería liberarse de ella.

La conversión

En medio de estas preocupaciones transcurrían las jornadas de Agustín y sus amigos, cuando cierto día en que estaba solo con Alipio llegó a visitarlo Ponticiano, africano como ellos y alto funcionario de la corte. Mientras hablaban, Ponticiano se fijó en un códice que se hallaba sobre una mesa cercana. Le llamó la atención, pues los libros eran objetos costosos y raros, y quien tenía algunos delataba con ello intereses muy definidos. Por eso, picado por la curiosidad, Ponticiano abrió aquel códice, esperando quizás que fuese uno de aquellos libros platónicos de los que tanto hablaba Agustín. Se llevó, sin embargo, una grata sorpresa al descubrir que se trataba de las epístolas del apóstol Pablo. Hacía poco Agustín había vuelto a leer a Pablo, como para convencerse de la falsedad de la interpretación que del apóstol había aprendido con los maniqueos. Dicho códice no estaba allí, pues, por casualidad; y Ponticiano, que era cristiano devoto, se alegró de saber que esos escritos ocupaban la máxima atención de Agustín. Ponticiano pasó entonces a relatarles la historia de Antonio, padre del movimiento monacal, y de allí se extendió a la vida de los monasterios, de los cuales incluso había uno en las afueras de Milán del cual cuidaba el obispo Ambrosio. Su asombro fue grande cuando se enteró de que ni Agustín ni Alipio habían oído de tales cosas; centrados en sus propias búsquedas, no habían prestado mayor atención al entorno social e histórico de la Iglesia. Entonces, por una cierta asociación de ideas, vino a contarles una experiencia que le había ocurrido en Tréveris cuando la corte se encontraba allí. Paseaban dos compañeros de Ponticiano por los campos contiguos a la ciudad cuando dieron con una cabaña donde habitaban unos varones consagrados al Señor. Allí encontraron un códice que contenía la vida de Antonio, que uno de ellos empezó a leer, y mientras leía el pasaje donde Antonio se decide a hacerse amigo de Dios, en ese mismo momento su ánimo iba cambiando, hasta que terminada la lectura, mudado por completo, optó por cortar con cualquier esperanza terrena. Su compañero lo siguió en ese propósito, y cuando más tarde llegó Ponticiano, advirtiéndoles que era hora de regresar, ellos le comunicaron su nueva determinación, rogándole que si no los quería imitar, tampoco los estorbase. Él los dejó allí, y encomendándose a sus oraciones, se despidieron.

Los relatos de Ponticiano obraron un efecto inmediato en Agustín. Sabía que si antes había diferido el tomar una decisión, había sido por falta de claridad sobre qué camino tomar. Mas ahora ya no tenía dudas, su mente se había esclarecido, pero no daba aquel paso que lo llevaría a un nuevo género de vida. Después de que Ponticiano se hubo marchado, en la intimidad de su casa y con la única compañía de Alipio, afloraron todas sus angustias. Percibía que no era el primero que tenía que afrontar decisiones de tal índole que involucran la vida entera, y que otros, menos doctos que él o ignorantes por completo, habían tomado sin mayores vacilaciones el camino que su corazón les dictaba. ¿Podía dejar los senderos de la concupiscencia y tomar la vía de la castidad? ¿Podía abandonar sus ilusiones mundanas de gloria y riquezas para perderse en una vida modesta de estudio y oración? Él estaba seguro de que con sólo querer podía alcanzar esas metas. Pero no quería. O, al menos, no quería ya. Pero, entonces, ¿cuándo iba a querer? No era poco aquello a lo que iba a renunciar, por lo que no había que apresurarse en tomar una decisión. Ésta podía posponerse todavía otra hora, otro día, otra semana. ¡Pero ya llevaba en esas diez años! ¿Cuánto más habría de esperar? En medio de estas vacilaciones se retiró con Alipio a un huerto que tenía aquella casa, cuidando de alejarse lo más posible de la edificación. Sus demás compañeros no estaban, pero tampoco deseaban ser interrumpidos por mujeres o sirvientes. Con aquella tormenta no sufría sólo el espíritu de Agustín, sino también su cuerpo, pues hacía nudos con los dedos, se golpeaba las piernas, se restregaba la cara, se revolvía el cabello. Como sentía que se le venía el llanto, Agustín se alejó lo más que pudo de Alipio, y fue a tumbarse debajo de una higuera, donde estalló en amargas lágrimas de impotencia y frustración, de humillación y de ira, por no poder obrar como quería. Escuchó, entonces, de la casa vecina una voz infantil, no supo si de niño o niña, que cantaba una y otra vez *tolle lege, tolle lege* —"toma y lee, toma y lee"—. En ese mismo momento cambió su semblante, y con mucha atención se puso a considerar si habría algún juego en el que los niños usasen una tonada así, pero no pudo recordar ninguno. Entonces se le vino a la cabeza parte del relato de Ponticiano sobre la vida

San Agustín en su gabinete, Florencia, Iglesia de Todos los Santos por Sandro Botticelli.

Esta página
*Piero della Francesca pintó
el panel del altar mayor para el
convento de los agustinianos
en Borgo San Sepulcro.
Detalle, 1454
Museo Nacional de Arte
Antiguo, Lisboa.*

Página siguiente
*La coronación de la virgen
con San Juan Evangelista,
San Agustín, San Jerónimo
y San Eligio por
Sandro Botticelli.
Óleo sobre madera.
Galería de los Uffizi,
Florencia, 1490-1493.*

Página anterior
En el ábside aparece la figura del santo fundador de la orden,
la Iglesia Mayor de San Agustín, en Nápoles. Hace parte de dos
óleos en los que se representan los dos momentos más importantes
en la vida del santo: la conversión y el bautismo que es la que
se representa aquí.
Nápoles, colección privada.

Esta página
San Agustín en su estudio por Vittore Caspaccio.
Escuela de los Schiavoni, Venecia, 1502. Témpera sobre tela.
La pintura representa el momento en que el santo recibe
el anuncio sobrenatural de la muerte de San Jerónimo.
El estudio es un modelo perfecto del ambiente renacentista veneciano.

1. *San Agustín es llevado a la escuela de Tagaste por sus padres.*

2. *San Agustín sale de África para Roma dejando a Santa Mónica.*

3. *San Agustín, maestro de Retórica en Roma.*

4. *San Agustín se va de Roma a Milán.*

5. *San Agustín llega a Milán.*

6. *Toma y lee, conversión de San Agustín en Casiciaco, Milán.*

7. *Bautismo de San Agustín por San Ambrosio en Milán.*

8. *Muerte de Santa Mónica.*

9. *San Agustín y el Niño de la Concha.*

10. *Muerte de San Agustín.*

Estas páginas
*Entre 1463 y 1465, Benozzo Gozzoli pintó
un ciclo de 17 escenas de la vida de San Agustín
que rodean el coro de la iglesia que lleva su
mismo nombre en San Gimignano.*

San Agustín según una miniatura de un manuscrito de la Homilía sobre los salmos, procedente de la abadía de Marchiennes. Biblioteca Municipal. Douai.

de Antonio. Éste, después de leer por casualidad el pasaje del Evangelio donde Jesús aconseja a un joven rico que lo venda todo y lo siga, había asumido que esas palabras se habían dicho para él, y se había convertido al instante. Agustín interpretó la cantinela infantil como una orden divina para que abriese el códice sobre el cual habían estado hablando aquel día y leyese lo que primero encontrara. Secándose todavía las lágrimas se levantó, y se dirigió adonde Alipio, pues el códice con las epístolas de Pablo lo habían llevado consigo cuando habían salido de la casa. Tomó, pues, el libro, y leyó el primer pasaje que encontraron sus ojos. No fueron más que unas pocas líneas de la Epístola a los Romanos, donde Pablo invita a desechar las preocupaciones por la carne y a revestirse de Cristo. Eso bastó. Sin haber cambiado nada, todo había cambiado. Agustín era otro. Y era otro no porque hubiese aprendido algo en Pablo que antes hubiera desconocido, ya que las dudas que con esta luz se habían disipado no eran de saber sino de querer. A su voluntad ya no le faltaba nada, tenía una voluntad total, y en lo sucesivo su querer sería uno con su saber. Alipio leyó un poco más adelante en el mismo texto, donde se habla de recibir al débil en la fe, y con aquellas palabras experimentó un cambio tan completo como el de Agustín. Los dos amigos entraron a la casa, y le contaron a Mónica lo que había ocurrido, con todos sus pormenores; esta vez su felicidad fue completa, no cabía en sí de gozo, pues el Señor había obrado en Agustín mucho más de lo que ella siempre le había pedido. Agustín no sólo se había convertido al cristianismo, sino que con su conversión había dejado atrás todo interés por los bienes de este mundo, e incluso ya no quería tomar esposa. La semilla que Mónica había plantado en el alma del niño Agustín se había desarrollado y dado fruto.

Renuncia a la cátedra y al matrimonio

Agustín se había convertido al cristianismo, pero, además, quería iniciar un género de vida diferente por completo. Él podría muy bien haber sido cristiano, haberse casado y haber tenido una carrera brillante como funcionario estatal. Pero en su alma el ser cristiano iba de la mano de aquel proyecto de búsqueda de la sabiduría con un grupo de amigos. Esa era la forma como él quería vivir su cristianismo. Esto tuvo algunas implicaciones de orden práctico que hubo que resolver poco a poco. Lo primero fue cortar de inmediato con su amante. No le costó trabajo, pues no sólo llevaba poco tiempo con ella sino que en su corazón ya no quería más sexo. No porque hubiera tenido mucho en su vida, y estuviese hastiado. Es que la actividad sexual con todos sus cuidados ya no cabía en su alma. Sus preocupaciones habían cambiado, quería otras cosas. Tampoco quería seguir dictando clases de retórica, ni pronunciando discursos en honor del emperador y su familia. Se trataba de un asunto más delicado, había compromisos con los estudiantes, y él era un empleado público. Por suerte, el 22 de agosto comenzaban las vacaciones, así que faltaban no más unas tres semanas para que quedara liberado de sus deberes. Pero sin aliciente interno alguno, esas tres semanas parecieron tres años. Además, con la tensión de los últimos meses sus pulmones se habían resentido. Estaba fatigado; tenía la voz débil. Pero, a diferencia de Mario Victorino, no quería una salida espectacular de su magisterio. Sólo en su casa había discutido estas cosas. No quería que se hiciera un escándalo con sus alumnos, sus colegas, los funcionarios de palacio. El plan era soportar esos días como mejor pudiera, y después, durante las vacaciones, presentar su renuncia por motivos de salud. Todo el asunto habría de manejarse con la mayor discreción. Si su alma alababa y cantaba era en la intimidad de su casa y, más aún, de su alma. Sólo le interesaban el alma y Dios, no más. El compromiso matrimonial, por supuesto, también fue disuelto. Y mientras tanto Agustín y sus compañeros hacían planes para aquellas vacaciones que, de repente, se habían tornado tan especiales. Nebridio, el gran amigo de Agustín y de Alipio, luchaba todavía con ciertas concepciones erróneas sobre la humanidad de Cristo, mientras se desempeñaba, a petición de sus amigos, como auxiliar de docencia de Verecundo. Este último era un gramático milanés que, aunque casado con una cristiana, dudaba en convertirse, pues no quería ser cristiano si no podía tomar parte en el grupo de Agustín. Todos ellos querían ser católicos, pero dentro de una comunidad de hombres laicos y célibes. Verecundo pensaba que si no podía participar de pleno en el grupo, mejor se quedaba por fuera del todo. Pero su entusiasmo con el proyecto era tal que ofreció su finca para que sus amigos dispusiesen de ella cuanto tiempo quisieran. La finca estaba situada a 35 kilómetros al nordeste de Milán, en la localidad de Casiciaco, la actual Cassago, en Brianza. A todos les gustó el ofrecimiento de Verecundo, pues así podrían tomar distancia de Milán y en la tranquilidad del campo proseguir sus indagaciones. Así que tan pronto Agustín quedó libre de sus obligaciones, partieron para la villa de Casiciaco.

Viaje a Casiciaco

Con Agustín viajaron su madre Mónica, su hijo Adeodato, su hermano Navigio, sus amigos Alipio y Evodio, sus primos Lastidiano y Rústico, y Licencio y Trigecio, hijos de Romaniano. En total, unas diez personas, todas africanas. Para Agustín fue triste que Nebridio no se les uniese, pero quizás enfermo y aún con dudas, aunque se habría de bautizar poco después, decidió regresar a África donde su familia, a la que ayudó a convertir. Murió allí unos cuantos años más tarde.

Agustín recordará con alegría y gratitud los meses pasados en Casiciaco, salvo por un violento dolor de muelas que no lo dejaba ni hablar, y que sólo pasó cuando, a instancias suyas, el grupo completo rogó al Señor por su salud.

Pero no se trató de un viaje de recreo, pues, de cierto modo, los huéspedes estaban comprometidos a colaborar en los oficios de la casa y del campo. Agustín, hombre rural, se complace en observar las diversas manifestaciones de la naturaleza: la pequeña semilla que contiene en sí un árbol completo; la virtud del abono, que siendo desagradable colabora en la producción de frutos agradables; la capacidad de un árbol para recibir una rama injertada y dotarla de nueva vitalidad; el oportunismo de la maleza para mezclarse con el buen cultivo, del cual en el momento de la siega será separada y luego quemada; la fecundidad de la tierra que se desborda en las cosechas alegrando a los agricultores. Agustín y sus compañeros trabajaron duro aquel otoño de recolección y vendimia. En ocasiones llegaban tan cansados que no tenían fuerzas para sus discusiones o éstas se atrasaban mucho. Cuando el buen tiempo lo permitió pudieron reunirse a cielo abierto, tumbados en los prados, a la sombra de los árboles. Otras veces, sin embargo, cuando había niebla o lluvia, debieron contentarse con quedarse en las termas y tener allí sus pláticas. Con el paso de los meses comenzó a entrar el frío del invierno, intenso en aquella región lombarda al abrigo de los Alpes. Ahora los encuentros que comenzaban en la tarde al calor de la chimenea podían extenderse casi hasta el amanecer. Y con el invierno llegaron la nieve y el hielo, insólitos para aquellos africanos. Aquel noviembre Agustín cumplía treinta y dos años.

Los diálogos

Las cuestiones que discutieron en ese ambiente quedaron plasmadas en sus primeras obras. En esos diálogos busca refutar, primero que todo, la perniciosa posición escéptica que lo llegó a paralizar durante meses en su búsqueda de la verdad; después, obedeciendo a la alegría que le inunda el pecho, quiere indagar en qué consiste la vida feliz; vendrá luego la elucidación de aquel asunto que tanto lo atormentó, a saber, en qué consiste el mal, siendo la respuesta que nuestras mentes no logran captar siempre el orden que Dios le ha impuesto al mundo; por último, en lo más cerrado del invierno, recordando la escena en aquel huerto, Agustín se adentrará en sí mismo con el fin de conocerse a la luz de Dios. La tercera de estas obras ilustra bien cómo se entrelazaban los asuntos prácticos de estos hombres con sus intereses teóricos. Con tantas ideas que le bullían en la cabeza, Agustín se desvelaba, y una noche cayó en cuenta de que el sonido del agua que bajaba por la canal no era constante, haciéndose más suave unas veces, y otras más intenso. Pensaba en cuál podría ser la razón de aquello, cuando escuchó que Licencio estaba ocupado espantando con un palo unos ratones molestos. Se percató, entonces, de que no era el único que estaba despierto, por lo que le comunicó su inquietud a Licencio. Éste le respondió que él también había notado aquel fenómeno, a lo que Trigecio asintió, indicando que también estaba despierto, pues los tres compartían habitación. Licencio aventuró que como era otoño, la gran cantidad de hojas caídas se amontonaba en el canal y obstruía el paso del agua por un tiempo, mientras eran barridas por su caudal; eso aclaraba por qué el flujo del agua era irregular. Esto le pareció probable a Agustín, tanto más cuanto que él no había podido dar con otra explicación. De allí pasaron a considerar cómo todas las cosas proceden con orden, así muchas veces no se lo pueda captar de inmediato.

Católico

Preparativos para el bautismo

Agustín comenzó también en aquel tiempo su intensa actividad epistolar, que habría de mantener por el resto de su vida. Por lo pronto estaba Nebridio que, irresoluto en Milán, envidiaba, sin embargo, el retiro de que disfrutaban sus amigos. Agustín trató de hacerlo partícipe, en la medida de lo posible, de algunos de los temas de sus discusiones para que el querido amigo no fuera a sentir que había quedado excluido del círculo de compañeros. La pronta muerte de Nebridio decidió por él, pues nunca volvió a pertenecer a aquel grupo cuyo núcleo eran Agustín y Alipio. Por lo demás, Agustín hubo de resolver también la cuestión de su puesto, con el fin de que se buscara su remplazo; para ello adujo sus quebrantos de salud, pero también que había decidido consagrarse al servicio del Señor. Agustín ya sabía que su transformación iba a tener carácter permanente; ello no quería decir que se fuera a quedar sin ocupación, sino que ésta estaría al servicio exclusivo de sus nuevas preocupaciones. Estaba, por último, la relación con Ambrosio. Esto no dejaba de ser un asunto delicado, dado que sus relaciones no habían sido las más cálidas. Pero, por otra parte, como Ambrosio era el titular de la diócesis donde residía Agustín, de él dependían todas las acciones que tuviesen que ver con la Iglesia en la región de Milán. Como Agustín quería bautizarse en la primavera siguiente, era conveniente que comenzara a poner a Ambrosio al tanto de su nueva condición. Por eso le escribió una carta donde hizo una especie de confesión de sus pecados pasados y consignó cuál era su propósito inmediato; allí le pedía consejo sobre qué libros de la Sagrada Escritura debía leer con el fin de prepararse para recibir el sacramento. Ambrosio no se dejó impresionar con las declaraciones del orador africano. Con sequedad le respondió que leyese al profeta Isaías, lo que obedecía a sus convicciones catequéticas y teológicas. Agustín, obediente, comenzó a leer al profeta, pero al no entender lo primero que leyó, lo dejó para después, cuando tuviese mayor conocimiento del lenguaje de la Escritura. Agustín, en realidad, nunca se sintió cómodo con los profetas; sus lecturas preferidas de la Biblia fueron las cartas de Pablo, el Evangelio de Juan, los Salmos y el Génesis. ¡Ni siquiera en esto pudieron ponerse de acuerdo los dos grandes hombres!

Bautismo en Milán

Como la preparación para el bautizo tomaba toda la Cuaresma, que aquel año se iniciaba el 10 de marzo, el grupo debió de regresar a Milán a finales de febrero o comienzos de marzo. Siguiendo una inveterada costumbre de penitente, Alipio hizo descalzo el viaje de regreso, lo que no era una prueba menor en el suelo helado del norte de Italia. Quienes habían suplicado ser bautizados, los *competentes*, tenían que realizar un curso en el que se familiarizarían con los fundamentos de la doctrina cristiana y serían instruidos en sus misterios. A los simples catecúmenos les estaba vedada la presencia en la liturgia más allá de la lectura de las Escrituras y su dilucidación en el sermón, por lo que los candidatos al bautismo apenas en esta fase conocían el símbolo de la fe —el Credo— y la oración del Señor —el Padrenuestro—, que debían aprenderse de memoria. Junto con esta catequesis, también debían realizar prácticas ascéticas y recibir exorcismos para limpiarlos de demonios. Durante el periodo de Cuaresma los candidatos no se bañaban, vestían sayos penitenciales, y en el templo se situaban en una pequeña tarima, separados de los demás fieles. El Jueves Santo se bañaban y se les hacía un reconocimiento físico. El Sábado Santo lo pasaban en oración, y la solemne ceremonia del bautismo tenía lugar en las primeras horas del Domingo de Pascua —aún a oscuras—, como símbolo poderoso de que su nacimiento a la fe lo hacía posible la resurrección del Señor. Así, la noche del 24 al 25 de abril del año 387 Agustín, con su hijo Adeodato y su amigo del alma Alipio, fue admitido de pleno en la comunión de los fieles de Cristo.

La ceremonia se realizó en el baptisterio, una edificación octogonal adjunta a la basílica mayor de Ambrosio. Antes de entrar allí a los candidatos se les abrían los sentidos, con un *Effatá* —"ábrete"— que rememora la palabra con que Jesús abrió los ojos al ciego. Después, ya en el baptisterio, eran despojados de su sayo de penitentes y ungidos en todo su cuerpo. Mirando al occidente renunciaban a Satanás, y volviéndose al oriente proclamaban su adhesión a Cristo. En el centro del baptisterio se encontraba la fuente bautismal, un estanque octogonal cuyas aguas el obispo consagraba con una oración y con la señal de la cruz. Ahora los candidatos descendían, uno a uno, al estanque. Allí debían confesar a Dios tres veces, como Padre, como Hijo y como Espíritu Santo, y eran sumergidos por el obispo en las aguas bautismales tras cada una de las confesiones. Al salir de la fuente eran ungidos de nuevo, pero en la cabeza, y el obispo lavaba sus pies. Eran revestidos en seguida con una túnica blanca, nueva, símbolo de su nuevo estado. Luego el obispo invocaba al Espíritu Santo la efusión de sus siete dones sobre los neófitos, y recibían la señal de la cruz. Ahora sí pasaban a la basílica, donde los aguardaba la comunidad de los fieles, y participaban por primera vez en la liturgia eucarística. Durante la semana de pascua debían asistir a diario a la basílica con sus vestiduras blancas, para ser instruidos en el significado de los nuevos símbolos que ahora eran parte de su vida. Agustín sentía que había llegado a su verdadera patria, la emoción lo embargaba, y cuando estaba en la iglesia, en medio de los cánticos y las salmodias de los fieles, se conmovía hasta las lágrimas, pero ya no de ira y frustración sino de alegría y dicha como nunca antes había experimentado.

Agustín había comenzado una nueva vida, pero aunque la Iglesia fuese su patria verdadera, su otra patria, la del paisaje del norte de África lo aguardaba. Sin intereses mundanos que defender, él y sus compañeros africanos no tenían nada que hacer en Italia. Entre sus planes estaba continuar con la vida que habían iniciado en Casiciaco, una vida en comunidad dedicada a la oración, al estudio y al trabajo. Eran cristianos que buscaban la sabiduría y que seguían leyendo a Virgilio; cristianos que no tenían compromisos matrimoniales ni sacerdotales. Eran como ascetas que alababan a Dios y hacían filosofía. El mejor lugar para establecerse y fundar ese estilo de vida era su propia tierra. Optaron, pues, por regresar a Tagaste, pero no podían adivinar todos los contratiempos que aún los aguardaban en la península.

El comienzo de una carrera literaria

Mientras tanto, Agustín se había convertido en un verdadero torrente literario. La presa que retenía su portentoso intelecto se había roto, liberando una corriente de miles de palabras, que hasta su muerte formarían aquel mar de más de 5 millones de palabras que comprende la obra agustiniana. En los meses siguientes a su bautismo siguió escribiendo acerca del alma; le intrigaba que pudiese ser algo sin ser corpórea, que se uniese a un cuerpo, que fuese inmortal. Comenzó también lo que en ese momento diseñó como una enciclopedia de las artes liberales. Iba a dedicar una obra a cada una de dichas artes, tanto a las artes matemáticas —aritmética, geometría, música y astronomía—, como a las expresivas —gramática, dialéctica y retórica—. Sólo completó dos libros, los dedicados a la gramática y a la música, y dejó algunos esbozos de los demás. En su primer entusiasmo creyó, con cierta ingenuidad, que como cristiano podía retomar y continuar el viejo proyecto de las artes liberales, que se remontaba a Platón, pero que también contaba con antecesores latinos ilustres, como Terencio Varrón. Poco a poco iría descubriendo que el mundo cristiano tenía sus propias reglas de expresión y de perfeccionamiento del espíritu que impedían que las normas del humanismo clásico valiesen sin discriminación alguna para la sabiduría cristiana. Sobre todo, muy pronto sería capturado por otras cuestiones que él desconocía en los inicios de su conversión, y a las que tendría que dedicar su atención. Así, tanto por razones internas como externas, aquel grandioso proyecto quedó abandonado y fue olvidado.

Muerte de Mónica en Ostia

Aquel grupo de amigos, unidos por un propósito común, se puso en marcha en el verano. Se despedían de Milán, la ciudad que los había recibido cuando tenían muchas ambiciones de este mundo, y se iban albergando sólo esperanzas espirituales. En medio de la alegría de volver a la casa, también los invadía la nostalgia por todo lo que allí habían vivido. Dejaban amigos buenos, amigos cristianos, a quienes ya no volverían a ver. Esta vez viajaban sin las comodidades que hacen que una travesía sea cómoda y ligera. Además hacía calor. La situación política era inestable, por lo que tuvieron que ser más cuidadosos durante el viaje. El usurpador Máximo había invadido Italia, fijando su residencia en Milán. El emperador Valentiniano II había tenido que huir, y pedía la ayuda del emperador de Oriente, Teodosio. El grupo se apresuró en llegar a Ostia para embarcarse, pero por la guerra el mar tampoco era seguro para la navegación. Desilusionados, se alojaron en Ostia mientras decidían si pasarían allí el invierno o iban a la cercana Roma. Agustín se sentía ahora más cercano a su madre que nunca antes, pues el vínculo filial se había enaltecido con la comunidad de fe y de creencias. Comenzó a apreciar la verdadera talla de esta mujer, que había ido tras él por tierra y por mar para ganarlo para el Señor, pues su amor de madre no se resignaba a verlo por fuera de la Iglesia. Estas dos almas era una sola, y ambos se querían con un amor más que terrenal. Pero, entonces, Mónica enfermó. Tenía ya cincuenta y seis años, y los constantes viajes, las temperaturas extremas y los ayunos frecuentes habían minado su salud. Sentía, sobre todo, que con la conversión de Agustín ya había cumplido su tarea. Aquí no le quedaba más qué hacer, y aunque en otros tiempos había deseado poder volver al África para ser enterrada junto a su marido, ahora ni siquiera retenía esa pequeña y justa vanidad. Ya grave, no quiso que sus hijos se preocupasen por dónde depositar su cuerpo, sino de que la tuvieran siempre presente en el altar del Señor. Así, al cabo de nueve días de haber enfermado, murió. Adeodato estalló en llanto y gritos por la muerte de su abuela, pero hubo de callar cuando los adultos reprendieron su falta de moderación cristiana. Aquella mujer, en efecto, no había llevado una vida tal que hubiese que temer por su alma tras ser liberada del cuerpo. Por eso, Evodio comenzó a cantar salmos, respondiéndole toda la casa. Al esparcirse la noticia se congregó una gran cantidad de fieles, mientras se alistaban los preparativos para el funeral. Agustín se retiró con algunos a platicar de asuntos apropiados para el momento, pero sin mostrar signos de su enorme dolor. Ni durante las exequias, ni después de ellas, lloró Agustín, aunque estaba tristísimo. Tomó un baño, pensando que con ello se reconfortaría un poco, pero su espíritu seguía apesadumbrado, aunque sin llorar. Se durmió, pues, y al despertar, hallándose todavía en el lecho, mientras recitaba un himno de Ambrosio empezó a comprender que se hallaba privado de la compañía de aquella persona buena y pura, y ya no pudo contener su llanto, que se derramó cuanto quiso, encontrando así el descanso que buscaba. Según el deseo de Mónica, Agustín había de acordarse con frecuencia de ella ante el altar del Señor, y no sólo de ella sino también de su padre. Ahora que había nacido en el espíritu, podía encomendar en la fe a aquellos de quienes había nacido en la carne.

Un año en Roma

Agustín necesitaba descansar, necesitaba un cambio de aire. Aquel año le habían ocurrido muchas cosas importantes y nuevas: el final de su estancia en Casiciaco, su bautismo en Milán, el viaje a Ostia con el fin de embarcarse para África, la muerte de Mónica. La navegación no se restablecería sino hasta la primavera siguiente, y eso si el mar no era inseguro por causa de la guerra. Como Ostia no revestía mayor atractivo, y menos en invierno, el grupo se trasladó a Roma. Allí habrían de permanecer hasta el verano siguiente, cuando, tras la derrota y posterior ejecución de Máximo, la navegación volvió a ser segura. En Roma Agustín prosiguió su infatigable labor literaria. Allí, más que en otras partes, se sentía perseguido por el fantasma del maniqueísmo, pues cuatro años antes había llegado a la Ciudad Eterna como embajador de los maniqueos africanos, se había hospedado con personajes de la secta, gracias a ellos había conseguido su cargo estatal. Agustín no quería que quedara ninguna sombra de duda: él ya no era maniqueo. Compuso una obra contrastando las costumbres de los cristianos y las de los maniqueos, la primera de una larga serie de esfuerzos por desprenderse de su pasado maniqueo. No siempre lo logró. Durante años habría quienes sospecharían de aquel cristiano fervoroso con un pasado maniqueo igual de fervoroso. Ese perro le ladraría hasta el último año de su vida, y aun después. "No hay un principio malo que elige el mal que yo hago, ni hay un principio bueno del que depende el bien que yo hago. Ambos, el bien y el mal, proceden de la libre voluntad". Con estas ideas siguió no sólo alejándose del maniqueísmo, sino que empezó a construir su propia doctrina de la voluntad, que consignó en otro libro. Por lo demás, Roma ya no era para él la ciudad de Cicerón y de Virgilio, sino la ciudad de los apóstoles Pedro y Pablo. Desde Constantino las tumbas de los mártires habían sido recubiertas de impresionantes monumentos, y eran centro continuo de peregrinación. Con alma devota y como un peregrino más, Agustín acudió allí. Era el 29 de junio, la fiesta solemne de los dos apóstoles. Agustín quedó impresionado: la presencia del obispo de Roma, la piedad de la multitud, el testimonio vivo de lo que unos pescadores habían logrado en la capital del Imperio. Pero no menos impresionado quedó por las ventas callejeras, los borrachos a la puerta de la iglesia, la excitación generalizada que provocan los tumultos. Agustín nunca fue un hombre que se dejara conmover por las grandes obras exteriores; para él eran mucho más valiosas las obras de misericordia. La basílica de Pedro es hermosa, pero es mejor leer la epístola de Pedro. Esa fue la enseñanza que sacó de aquel día.

Una comunidad africana

Regreso a Cartago

Recobrada la paz y todavía en época de navegación, el grupo pudo, después de un año de espera, hacerse a la mar. Agustín tenía treinta y tres años, y si su afanosa mente proyectaba nuevas obras, su espíritu, en cambio, navegaba tranquilo en medio de las incertidumbres de aquella travesía. Se sentía ligero como el viento que azotaba las velas, pues volvía libre de aquella inquietud de honores, fama y riquezas que lo había llevado a Italia. Cuando puso pie en Cartago sabía que no tendría que volver a adentrarse en el peligroso mar. Había encontrado el tesoro que había ido a buscar tan lejos, y como lo llevaba consigo de regreso a casa ya no habría de cambiar aquellos paisajes nunca más. Este sentimiento lo llenó de satisfacción. Se sintió raro en Cartago, ciudad que recordaba por sus travesuras de estudiante, por su escuela de retórica, por su asociación con los maniqueos. De aquello ya no quedaba nada. Sin embargo, quienes lo reconocían en las calles lo saludaban con afectuoso saludo maniqueo, y él, serio, no aceptaba su saludo. Se acercó, en cambio, a los cristianos, algunos lo acogieron con simpatía, otros con recelo. Él entendía. Visitó las basílicas, la iglesia de San Cipriano, en el puerto, donde había dejado a su madre cuando él escapaba para

Roma. Mientras proseguían su viaje se hospedaron en casa de un abogado cristiano, de nombre Inocencio. Estaba este pobre hombre convaleciente de unas fístulas en una de sus piernas. Ya los médicos le habían hecho una cirugía y esperaban terminar el tratamiento con medicinas. Pero como éstas no obraban, decidieron realizar una segunda cirugía. El enfermo, acordándose de la agonía por la que ya había pasado, presentía que no sobreviviría a otra intervención. Así que la víspera de la operación mandó llamar al obispo, al presbítero y a los diáconos, para que rogasen por su alma, pues ya no abrigaba esperanzas por su cuerpo. Oraron todos de rodillas, también Agustín y Alipio y todos los de la casa, y el enfermo se deshizo en rezos, súplicas, gemidos, sollozos, en forma tal que Agustín ya no podía orar, y sólo acertó a pedirle al Señor que recibiese tales manifestaciones como la mejor oración. Al día siguiente llegaron los médicos con la horrible herramienta para practicar la cirugía, retiraron las vendas, examinaron la herida, pero la encontraron cicatrizada y sana. La alegría, las alabanzas, las acciones de gracias inundaron aquella casa. Agustín y Alipio respiraron aliviados, pues no es fácil ser huésped de un anfitrión enfermo. Pasados unos días continuaron su viaje.

Una comunidad en Tagaste

En Tagaste había cuestiones prácticas que resolver, y como era el terruño de todos ellos, estaban muy ilusionados por llegar pronto. El regreso de aquellos hombres liderados por Agustín fue un acontecimiento importante en aquella pequeña comunidad. De allí habían salido a buscar fortuna por el ancho mundo, y ahora regresaban, pero no como esperaban muchos de sus coterráneos, triunfantes y exitosos, Agustín como orador, Alipio como jurista. Triunfantes, sí, pero en la palabra de Cristo y en la causa de la Iglesia. Se establecieron en el terreno familiar que le correspondía a Agustín, pues la heredad familiar, aunque modesta, bastaba para solventar sus necesidades. Compartían todos sus bienes y trabajaban mucho, en el campo, en la casa. Como no podía dejar de ocurrir, la fama de aquellos hombres que vivían en oración, con ayunos y buenas obras, comenzó a difundirse por toda la región. En el medio más provincial de Tagaste aquel ideal milanés de una comunidad de cristianos con intereses filosóficos empezó a dar paso a una comunidad de cristianos con intereses eclesiales. Sus interlocutores ya no eran sombras sabias del pasado sino compatriotas suyos de carne y hueso. Estaba Romaniano, que no había logrado deshacerse de su pasado maniqueo; estaba Nebridio, con sus sueños de filósofo. A aquél le escribió un tratado sobre la religión verdadera; a éste le argumentó con sus cartas. Aunque después de su vida en Milán los dos amigos tenían deseos enormes de un encuentro personal, Nebridio sufría quebrantos de salud, y Agustín no se animaba a emprender el largo trayecto casi hasta Cartago. Así que su relación se mantuvo en el plano epistolar. Agustín remplazaba viajes con cartas. También estaba su querido hijo Adeodato, brillante, inquieto, bien formado; una gran promesa. Con ese muchacho, ávido de conocimientos, discutió el tema pedagógico perenne: quién es el auténtico maestro. Parecía que Agustín llevaba, por fin, la vida que siempre había soñado. Pero aquello no habría de durar. La muerte de Nebridio y, sobre todo, de Adeodato fueron un duro golpe para Agustín.

Con fe sobrellevó su dolor, pero esa misma fe católica, es decir, universal, le decía que no podía quedarse para siempre en su casa paterna.

Presbítero

Presbítero de Hipona

Agustín había ido a Tagaste añorando algo de la paz y el retiro que tanto recordaba de Casiciaco. Aunque al principio había encontrado algo de aquel recogimiento, con el tiempo sus intereses más espirituales no sólo lo habían ido acercando a las preocupaciones de la Iglesia sino que también los pobladores habían comenzado a ver en él un orientador, un guía al cual acudir con sus inquietudes. Por primera vez pensó que el camino del sacerdocio era una opción real para él. Pero la vida de los presbíteros pedía viajes, atención a las personas, ponerse al frente de empeños sociales y de caridad; todo ello lo alejaría de su propósito inicial. Además, habiendo renunciado a toda ambición terrena, él no deseaba dignidades, ni siquiera aquellas honras legítimas que se le tributaban a los sacerdotes. Dejó de frecuentar los sitios donde no hubiera obispo; el riesgo de ser raptado y obligado por la fuerza a aceptar los ministerios era demasiado grande. La propia Tagaste se había vuelto insegura. Comenzó a buscar otro poblado para establecerse con su comunidad, que mientras tanto había comenzado a crecer. Hipona le pareció una buena elección; como tenía obispo, no corría el riesgo de que lo forzasen a aceptar dicho puesto, pues en una diócesis no podía haber más de un obispo. Se enteró de que un comerciante de Hipona quería hablar con él para darle una nueva orientación a su vida. Así, pues, se concertó el viaje a Hipona; allí Agustín podría hablar con este comerciante, que a su vez lo podría asesorar sobre la mejor ubicación para su comunidad. Hipona, la actual Annaba, era una ciudad grande, la segunda en importancia después de Cartago; estaba situada a orillas del mar, a unos 80 kilómetros al norte de Tagaste, y era un importante puerto regional. El viaje desde Tagaste tomaba varios días, ya que una serranía se interponía entre las dos poblaciones. Cuando Agustín llegó a Hipona, rebosaba confianza. Por pura casualidad podría solucionar dos asuntos importantes en una sola visita. Pero su estadía comenzó a alargarse, pues aquel comerciante le pedía más y más explicaciones, difiriendo cada día su decisión para el siguiente. Entre tanto aprovechó para visitar a otros cristianos conocidos y buscar el mejor lugar para su fundación. Ya todos sabían que estaba allí.

Como era su costumbre, Agustín asistía a diario a la iglesia, y seguía atento, aunque con dificultad, los sermones del obispo Valerio. Éste era ya un hombre de edad, griego, que nunca llegó a dominar el latín por completo. En otras épocas Agustín se habría escandalizado con un maltrato tal de la lengua de Cicerón. Pero él ahora ya no se fijaba en la dicción de las palabras, sino en su significado y, sobre todo, en su sentido espiritual. De sermón en sermón, Valerio tocó un día un tema que lo tenía muy preocupado; pidió a sus fieles que orasen con él para que Dios proveyese un nuevo sacerdote, que lo ayudara en el ministerio y fuese idóneo para la ciudad. El anciano obispo tenía motivos para estar intranquilo. Y es que la Iglesia de África estaba dividida en dos bandos irreconciliables: la de los católicos y la de los donatistas. En Tagaste había un claro predominio católico, por lo que, mientras Agustín estuvo allí, la división nunca tomó un cariz alarmante. Pero en Hipona era diferente. Por cada iglesia católica había una donatista; por cada familia católica había una donatista, pero a veces las familias se encontraban escindidas en su propio interior; y, claro, había un obispo donatista que hacía contrapeso al obispo católico. Valerio, viejo y con su mal latín, sabía que necesitaba un ayudante apto para las circunstancias. Por eso, aquel día, rogaba al pueblo que proporcionase un sacerdote. Y el pueblo respondió, pues entre la multitud comenzó a levantarse el coro de unas voces aisladas, que pronto ganaron fuerza hasta convertirse en un clamor unánime: "¡Agustín! ¡Agustín!". Mientras voceaban su nombre, Agustín era empujado, estrujado y conducido a la presencia de Valerio. Ese era el hombre, le gritaba el gentío a Valerio. Agustín estaba conmocionado. Desde la muerte de su madre no había derramado tantas lágrimas. No era tanto que se sintiera sorprendido, cuanto indigno. Los circunstantes, impresionados por su llanto, lo consolaban, asegurándole que pronto sería obispo. No entendían lo que le pasaba. Agustín sabía que no se podía negar. En esos momentos no pensó en sus planes, ni en su grupo de amigos, ni en su retiro del mundo. Sólo oía la voz de aquel pueblo que lo pedía como su sacerdote. El pueblo cristiano, el pueblo de Hipona, había decidido su destino. Sí aceptaba ser consagrado, le dijo con voz temblorosa a Valerio. Y se quedó en Hipona.

La vida de un pastor

Ahora, a los treinta y seis años, Agustín tenía un compromiso permanente como presbítero de Hipona. Le comunicó a Valerio los planes que traía cuando llegó a Hipona, acerca de fundar una comunidad de hermanos laicos, dedicados al trabajo, la oración y el ayuno. Como griego, Valerio estaba familiarizado con la vida monacal, que apenas comenzaba a difundirse en Occidente, por lo que juzgó que aquella idea de Agustín no sólo no le causaba a la Iglesia ningún perjuicio sino que, incluso, podía serle benéfica. Así que Valerio lo animó para que siguiese adelante con ese proyecto, y para mostrarle su apoyo, le cedió un huerto vecino de la iglesia para que allí se estableciera con sus compañeros. Sin pérdida de tiempo Agustín organizó estos asuntos. Como ya no volvería a vivir en Tagaste, donó sus propiedades de allí a la iglesia local. Sus antiguos compañeros se mudaron a Hipona, donde se les juntaron unos nuevos. Con tal afluencia de gente hubo que ampliar la construcción; por fortuna, había manos en abundancia. Mientras tanto, Agustín asumía sus nuevas funciones, pero pronto descubrió que sus fuerzas y sagacidad no bastaban para las tareas que se había impuesto. Quizás los otros veían en él a un ministro competente, pero él no estaba satisfecho consigo mismo. Valerio quiso espantar sus vacilaciones. Pero éstas continuaban. Agustín les pidió a algunos de sus hermanos de comunidad que le hiciesen comprender a Valerio su situación. Éste seguía sin ceder; no quería entrar en ese juego de escrúpulos. Por último, Agustín le escribió una carta al obispo donde exponía las razones de su poca preparación para los deberes sacerdotales y proponía una fórmula para mejorarla. Pedía unos meses, hasta la Pascua, en los que pudiera dedicarse a la oración y al estudio de las Sagradas Escrituras. Valerio comprendió y le concedió a Agustín lo que solicitaba. Antes, pues, de comenzar de pleno con su ministerio, Agustín vivió su propio retiro de Cuaresma. Aquel tiempo lo aprovechó, sin duda, en el estudio de la Escritura, pero su espíritu necesitaba también aquella bocanada de aire puro para reflexionar sobre su nueva condición, para asumir en su interior lo que se le había impuesto en su exterior. Cuando pasado ese tiempo Agustín se presentó, reconfortado y gozoso, donde Valerio, el sagaz obispo le tenía otra sorpresa: podría predicar el Evangelio, incluso en su presencia, y también predicar al pueblo. Valerio le cobraba, no para sí sino para la Iglesia, lo que poco antes le había concedido. Con esa autorización, el anciano obispo tomaba distancia del uso de la Iglesia africana, donde tales actividades eran prerrogativa de los obispos, pero como en la Iglesia de Oriente los sacerdotes podían predicar, Valerio consideró que la costumbre local podía infringirse alguna vez si era en beneficio de la Iglesia. Él ya estaba viejo y cansado, no veía bien, y su latín era defectuoso; no le parecía mal que un joven entusiasta y preparado le ofreciese la palabra al pueblo de Dios. Agustín sabía que a pesar de su edad, su obispo no era débil y que por él estaba dispuesto a reñirse con los demás obispos de la región. Más que halagado, pues ni el obispo lo había querido halagar, ni él tenía ya oídos para lisonjas, comprendió que su responsabilidad por ese pueblo de Dios había comenzado a ser su propia vida.

Ajuste de cuentas con el maniqueísmo

Una de las primeras cosas que Agustín quiso hacer como presbítero fue refutar el maniqueísmo. Algunos de los sermones que tuvo ocasión de predicar en ese periodo los dedicó a mostrar la concordancia entre el comienzo del Génesis y el comienzo del Evangelio de Juan. Nada podía ser más provocador para los maniqueos, que rechazaban el primero y exaltaban el segundo, que el que se mostrase la identidad fundamental de la Escritura, sobre todo entre libros del Antiguo y del Nuevo Testamento. Con ese mismo propósito, comenzó también una nueva exposición del libro del Génesis. Pero estas tareas eran útiles para los fieles dentro de la Iglesia; para llegar a quienes dudaban y a quienes por curiosidad frecuentaban a los maniqueos, tenía que salir del terreno eclesiástico y ofrecer batalla en campo neutral. La ocasión se presentó a propósito de Fortunato, sacerdote maniqueo, antiguo compañero de Agustín en Cartago. Con sus actividades, Fortunato estaba atrayendo a muchos seguidores para su secta, por lo que los cristianos, tanto católicos como donatistas, unidos por una vez por un enemigo común, le pidieron a Agustín que refutase en público al maniqueo. El presbítero católico accedió de inmediato, pues venía esperando que se le presentara una ocasión así, pero costó trabajo convencer al sacerdote maniqueo, que conocía a Agustín y temía disputar con él. Pero por presión de su grupo y para no caer en vergüenza, hubo de acceder a carearse con el católico. El día convenido se alistaron los diferentes bandos y los notarios. Éstos eran fundamentales para levantar acta de todo lo discutido, y evitar así que cualquiera de los contendientes se negase a aceptar una conclusión negando que había dicho lo que se le imputaba. Los asistentes, por su parte, acudían llenos de expectativa, apoyando cada quien a su paladín. El debate duró dos días. En él cada uno de los adversarios intentó llevar al otro a una contradicción o, al menos, a que se comprometiera con una tesis débil, para poder echarle el público encima. Agustín, hábil rétor, ganó la confrontación, no porque hubiera podido refutar a Fortunato sino porque el público fue favorable a su posición. Este fue el primer eslabón de una larga cadena de debates, verbales y escritos, que Agustín habría de sostener a lo largo de los años. Mientras tanto, crecía el prestigio del presbítero de Hipona, que con sus libros y sermones había logrado insuflar una nueva vitalidad a la alicaída Iglesia africana. Como parte de su predicación decidió empezar un comentario a uno de sus libros preferidos de la Biblia, los Salmos. No era una tarea de poca monta, no sólo por la extensión de la obra, sino por la insondable complejidad de aquellos cánticos, en parte penitenciales, en parte proféticos. Pero Agustín no tenía prisa. El comentario se llevaría a cabo en su totalidad si el Señor así lo disponía. Lo completó, sí, ¡al cabo de veintiséis años! Con ello el presbítero Agustín comenzó a mostrar no sólo su gran capacidad de trabajo, sino su enorme competencia para sacar adelante empresas ingentes, ante las que se arredrarían espíritus menos tenaces que el suyo.

Ante los obispos

Valerio le tenía tanta confianza que con motivo de una reunión general de obispos, que por primera vez tenía lugar en Hipona, designó a su brillante presbítero, de apenas treinta y nueve años, para que les dirigiese la palabra. El tema elegido por el sacerdote fue la fe y el credo, es decir, el mismo núcleo del cristianismo. Sin duda, Agustín quería aprovechar del mejor modo aquella oportunidad para, a propósito de una exposición doctrinal, hacer profesión de su fe frente a cualquier traza de maniqueísmo. El primado de África, Aurelio, había conocido a Agustín en Cartago, cuando éste estuvo unos días allí de paso para Tagaste. En esa época Aurelio era un simple diácono, pero le había causado buena impresión aquel huésped que oraba a su lado por la salud de su anfitrión. Ahora, como obispo de Cartago, quedó muy satisfecho con la disertación de aquel joven, ya presbítero. Al conocer más de cerca el género de vida que Agustín llevaba con sus compañeros, quiso que Alipio le ayudase a él en Cartago, como Agustín le ayudaba a Valerio. Con mucho tacto Agustín logró disuadirlo de ese propósito, pero en cambio Aurelio consiguió que en un terreno cedido por él varios compañeros de Agustín fundasen en Cartago un monasterio hermano del de Hipona. Era el comienzo de la colaboración de aquellos dos hombres que en los decenios por venir, constituirían la punta de lanza de la Iglesia africana en su tarea de renovación y lucha contra las herejías.

Guía firme de la comunidad

Ya en este tiempo Agustín había comenzado a definir lo que serían sus frentes futuros de trabajo. Aparte de la lucha contra las herejías, se reunía con los obispos, escribía obras y cartas y atendía al pueblo del cual era su pastor. En esta última función se dieron unos acontecimientos que mostraron el nivel de su compromiso, la firmeza de sus convicciones y el ascendiente que iba logrando sobre su feligresía. Las iglesias africanas tenían la costumbre de celebrar las fiestas de los mártires con actos de regocijo que con frecuencia terminaban en embriaguez y disipación. Valerio había luchado contra esa tradición, pero sin éxito. Ahora que se acercaba la fiesta del patrono de Hipona, San Leoncio, primer obispo mártir del puerto, Agustín se propuso erradicar dicha práctica. Como era usual en él, se trataba de una tarea de resistencia. Dos días antes de la celebración preparó un primer sermón donde recordaba la admonición evangélica de no arrojar lo santo a los perros, ni las perlas a los puercos. Esta primera intervención fue bien recibida, pero tuvo poca difusión por haber ido pocos a la iglesia aquel día. En cambio, los rumores sobre la supresión de los festejos contribuyeron a expandir el malestar que ya se había creado con las primeras actuaciones de Valerio. El día siguiente, el primer día de Cuaresma, Agustín comenzó reflexionando sobre la expulsión que Jesús hizo de los mercaderes del templo, para seguir con un tejido de citas bíblicas llamando a las buenas costumbres y a la vida en el espíritu. Al concluir su largo y sentido sermón, Agustín estaba angustiado, no por el peligro que corría su integridad, sino por el peligro que todos corrían si no prestaban oídos a la palabra del Señor: él, por no saber guiar su rebaño; ellos, por no dejarse guiar. Esta vez el pueblo se conmovió con las palabras de su sacerdote, y con sus lágrimas movieron a lágrimas al propio predicador. El tercer día era el día de la celebración. No todos los que habían asistido a la basílica el día anterior estaban conformes con la decisión; no pensaban dejarse quitar aquella ocasión de comida, bebida y diversión. A fin de cuentas, ellos no habían inventado esa práctica, la habían recibido como una costumbre establecida. ¿Por qué ahora la iban a terminar? Agustín estaba abrumado ante tanta rebeldía. De persistir aquellos en tan indócil actitud, él haría como el profeta: sacudiría sus vestidos y se marcharía de aquel pueblo de pecadores. Ellos debieron leer sus intenciones, pues lo visitaron en privado antes de la predicación. Con suavidad Agustín les explicó que esos abusos se habían permitido en otro tiempo ante la rapidez con que la Iglesia había crecido, y ante la mayor conveniencia de que aquellos que se convertían siguiesen celebrando sus fiestas paganas para honrar a santos cristianos en lugar de que continuaran con un rito sacrílego. Estas mismas ideas las expuso en la homilía, logrando que todos repudiasen aquel perverso hábito. Luego los citó para la lectura vespertina de los Salmos. Esta vez la asistencia fue masiva. Se leyeron dos salmos, y Agustín, extenuado, quería retirarse de una vez, pero Valerio lo instó, lo obligó a que predicase una vez más. Desde su iglesia Agustín escuchaba el rumor del convite que a esa hora tenía lugar en la iglesia donatista. Dio gracias a Dios por las viandas espirituales de aquel día, tanto más hermosas cuanto que contrastaban con los groseros excesos de los herejes. Unos miembros de su monasterio comenzaron a cantar himnos, a lo que se unió un grupo numeroso de fieles, y sólo entonces, al caer la tarde, pudo Agustín retirarse. Estaba agotado, pero feliz.

Obispo

Obispo de Hipona

Durante esos cinco años de presbiterado, Agustín ya había comenzado a ser conocido en toda la región por su celo en la defensa la fe y por su carisma con la gente, por lo que otros poblados aspiraban a que fuera su obispo. No puede decirse que Agustín no se hubiera percatado de la situación, pues de su monasterio ya habían salido —para gran pena suya— Alipio y Profuturo como obispos de comunidades cercanas, pero pensó que, tratándose de cuestiones de la Iglesia, se haría en últimas lo que fuese la voluntad del Señor para el mayor beneficio de su grey. Con esto último Valerio no estaba en desacuerdo, pero pensaba que el hombre también debe colaborar para que la voluntad del Señor se realice. Y a él no le cabía ninguna duda de que la llegada de Agustín al puerto había sido providencial, y en el asunto de la permanencia de Agustín en Hipona había que estar dispuesto a proceder según aquel signo tan claro. Por eso, en una ocasión en que un grupo de fieles de una población cercana llegaron a la basílica con toda la intención de llevarse a Agustín para hacerlo su obispo, alertado por el alboroto, Valerio apenas tuvo tiempo de ocultar a su valioso colaborador y él mismo se ocupó de un asunto pastoral urgente para no tener que responder con evasivas las preguntas de aquellos rastreadores. La situación se volvió crítica, pues como sacerdote Agustín no podía vivir escondido, pero tampoco se podía permitir que se lo llevaran a otra ciudad. Entonces Valerio diseñó un hábil plan para asegurar la permanencia de Agustín en Hipona. Le escribió a Aurelio, que como obispo de Cartago era el primado de África, aduciendo que en vista de su avanzada edad y de su quebrantado estado de salud le solicitaba que nombrase a Agustín obispo auxiliar de Hipona, para que le ayudase no tanto en la cátedra, como en las actividades pastorales. Aunque la petición tenía algo de inusual, pues no se nombraba a un obispo mientras su antecesor aún vivía, a Aurelio le parecieron convincentes las razones de Valerio, y como tenía una inclinación favorable hacia Agustín accedió a lo que se le pedía. Con esta carta ganadora, Valerio se apresuró a invitar a una reunión en Hipona a su superior inmediato, Megalio, obispo de Calama, y a otros obispos de los alrededores. A Megalio tuvo que, de todos modos, ponerlo al tanto de sus intenciones de que ordenara obispo a Agustín, lo cual no fue nada fácil, no porque Megalio se opusiera a que hubiera un segundo obispo en Hipona, sino porque le habían llegado informes en los que se acusaba a Agustín de haber suministrado unos filtros amorosos a una mujer casada. El asunto se resolvió cuando Agustín aclaró que había enviado la reliquia de un santo a la mujer de Paulino de Nola, noble italiano, que también llegaría a ser obispo, con quien nunca se encontró en persona, pero con quien mantuvo una larga y culta amistad. Megalio, pues, aclaradas sus dudas, se hizo presente en Hipona con los demás obispos. El domingo, día en que toda la comunidad estaba reunida, Valerio hizo público su propósito. Tras el primer gesto de sorpresa, todos los oyentes estallaron en clamores y manifestaciones de júbilo, pues con la ordenación episcopal se aseguraba la permanencia de Agustín en la ciudad. A estas alturas, sólo Agustín seguía sorprendido e incómodo con la propuesta. Él sabía que dicho día llegaría, pero pensaba que se podría aplazar un poco más mientras no falleciera el obispo en funciones. Pero su resistencia fue poca, pues le mencionaron ejemplos de otras iglesias donde era costumbre que hubiera dos obispos, y además lo abrumaron con tantas razones y súplicas que hubo de rendirse a la imposición de manos, por la cual, a los cuarenta y un años, llegó a ser obispo.

Las tareas de un obispo

Tiempo después el propio Agustín habría de oponerse a la consagración de un obispo mientras el titular todavía viviese, pero, por lo pronto, la situación irregular generada por la estratagema de Valerio, por el entusiasmo del pueblo y por la ignorancia de las normas eclesiásticas no habría de durar mucho, pues al cabo de unos meses Valerio moría, con lo que Agustín llegó a ser obispo titular de Hipona sin restricción alguna. Desde este momento y hasta su muerte —34 años más tarde— el decurso de su vida ya no habría de sufrir más cambios en lo relacionado con cargos y dignidades. En el puerto de Hipona Agustín encontró su propio puerto, y desde el resguardo de esa cala realizó la obra inmensa que lo habría de encumbrar a ser uno de los padres de la cultura occidental. Las actividades de un obispo eran de tres tipos: en primer lugar tenía que celebrar la liturgia, distribuir los sacramentos y predicar. En segundo lugar estaban las tareas pastorales, que comprendían la cura de almas, la instrucción catequética de quienes iban a ser bautizados, las obras de caridad y la administración de los bienes de la Iglesia. Estaban, por último, los deberes de orden judicial, pues las normas imperiales habían facultado a los obispos para dirimir procesos civiles, la mayoría de ellos pleitos entre vecinos y querellas por herencias. De este conjunto de actividades, la tercera fue la obligación más dura de sobrellevar para el Agustín obispo, tanto por el tiempo como por las energías que le tuvo que dedicar. En efecto, con frecuencia el obispo permanecía en la sala de audiencias desde la mañana hasta bien entrada la tarde, y tenía que dirimir casos en los que ninguna de las partes iba a quedar satisfecha, en medio de aquella población ruda y descontentadiza. Aprovechaba, sin embargo, este espacio para aleccionar al pueblo en justicia y equidad, y también en misericordia, pues era contrario a los castigos excesivos o brutales. Pero el verdadero sentido de toda su vida episcopal venía dado por la predicación y la celebración de la liturgia. La reunión semanal de alabanza y acción de gracias al Señor era el centro de la vida de la comunidad cristiana. Los domingos todo el mundo se apretujaba en la basílica para participar en el servicio divino, que duraba al menos dos horas. Allí el obispo, sentado, presentaba la palabra de Dios a sus fieles que, de pie, lo escuchaban atentos, capturados no por la explosión de su voz, sino por su habilidad para comunicar los misterios cristianos con una belleza y sencillez no exentas de profundidad. En un lapso de 40 años Agustín presentó unos 5 mil sermones —de los cuales se ha conservado una décima parte—, lo que da testimonio de que, como pastor, su compromiso principal no fue la controversia sino la guía y el cuidado espirituales por medio de la Sagrada Escritura. Con toda su importancia, las homilías sólo eran la preparación para participar en el corazón de la liturgia: el sacrificio del altar, la fuente verdadera de la inagotable vitalidad cristiana de Agustín.

El triunfo de la gracia

Mientras el joven obispo comienza a labrar la rutina del resto de su vida, un acontecimiento gozoso, de apariencia insignificante, vendría a señalar un cambio decisivo en su forma de comprender las relaciones entre el Señor y el ser humano, entre la gracia dada por Dios y la libertad de la voluntad humana. El anciano sacerdote Simpliciano, el amigo de Agustín, le escribió proponiéndole la cuestión de cómo entender que dos mellizos, aun antes de haber nacido y, por tanto, sin ninguna culpa o mérito personales, hubieran sido elegidos, el uno para recibir el favor de Dios y el otro para servir al primero. Los dos hermanos eran, por supuesto, Jacob y Esaú. La solución de Agustín se orienta en el sentido de que en ninguna circunstancia de la vida, que se extiende desde el seno materno hasta la tumba, el hombre puede por sí mismo hacer mérito alguno para ganar el favor de Dios. Ocurre, más bien, lo contrario, y es que el mérito es el resultado del favor de Dios. El hombre no puede gloriarse de nada que primero no haya recibido. Con esto quedaban planteadas, por supuesto, numerosas dificultades en relación con la libertad humana y la predestinación, pero en lo sucesivo el pensamiento de Agustín habría de encauzarse por la senda marcada por la respuesta a Simpliciano. Por eso, Agustín pudo admitir más tarde que en la consideración de este difícil asunto él había querido trabajar a favor del libre albedrío de la voluntad humana, pero que había vencido la gracia de Dios. Mientras Simpliciano esperaba el volumen con la respuesta a su consulta, moría en Milán el gran obispo Ambrosio. Como su sucesor, Simpliciano fue elevado a la dignidad episcopal. Habían pasado apenas diez años desde el bautismo de Agustín y su nombre había traspasado ya las fronteras de la provincia africana, y comenzaba a ser reconocido en lugares distantes del orbe. A Ambrosio, que había probado ser grande, comenzaba a suceder Agustín, que iba a probar que no era menos grande.

La educación cristiana

Una de las primeras tareas que Agustín asumió como obispo consistió en proponer una nueva formulación de lo que debía ser la educación cristiana. Siendo joven él había recibido la mejor formación disponible en la región, que se basaba en los grandes modelos de Virgilio y Cicerón, y se articulaba en las nueve artes liberales —después serían siete— según la propuesta de Terencio Varrón. Ahora él veía que el obispo debía ser un formador, a la manera del orador clásico, sólo que su canon lo constituían los libros de la Escritura, sin que los conocimientos profanos perdieran utilidad para la interpretación de la Biblia. Con esta propuesta Agustín iba a establecer un nuevo modelo de enseñanza, centrado en la interpretación de la Escritura, que estaría en el origen mismo de la Edad Media, siendo, por lo tanto, normativo hasta el establecimiento de la Escolástica. En conformidad con ello, emprendió la empresa de describir el recorrido mediante el cual él mismo se había aproximado a la Escritura y cómo había aprendido a interpretarla. Este retrato de su vida a la luz de la insondable acción de la gracia de Dios y de su propia comprensión de las Escrituras constituye su libro de las *Confesiones*.

El viajero

En esta época Agustín comenzó a realizar una serie de viajes, que habrían de caracterizar el ejercicio de su ministerio durante los siguientes cuatro o cinco lustros. A Agustín no le gustaba viajar y, salvo por su desplazamiento a Italia, nunca lo hizo por mar. Viajaba, entonces, por tierra, en burro o mula, pero no en caballo, por tratarse de animales costosos, buscados por los salteadores. Visitó todas las ciudades de los alrededores de Hipona, pero su destino favorito era Cartago —distante 320 kilómetros de Hipona—, adonde tenía que ir con frecuencia a participar en los concilios anuales de los obispos africanos. Durante su oficio episcopal asistió a dieciséis conferencias de obispos en Cartago, donde solía permanecer varios meses para predicar y aprovechar su biblioteca eclesiástica, mejor provista que la de Hipona. Agustín estuvo fuera de su diócesis cerca de una tercera parte de los 35 años de ministerio episcopal, es decir, unos 12 años. Eso sí, nunca se ausentó de su sede durante la Cuaresma, pues una de sus principales tareas como obispo consistía en brindar instrucción a quienes habían solicitado el bautismo; aunque éste podía tener lugar en cualquier época del año, se favorecía la vigilia del día de Pascua, pues el recién bautizado entraba a la vida gracias a Cristo resucitado. El viaje más largo que realizó como obispo obedeció a una comisión del papa Zósimo, cuando ya Agustín contaba sesenta y tres años. El papa le encomendó una tarea en Cesarea de Mauritania; como en ese momento Agustín se encontraba en Cartago, el viaje redondo hasta regresar a Hipona seis meses después exigió un recorrido de 1.800 kilómetros. En aquella ocasión Agustín estuvo acompañado de viejos conocidos, Alipio y Posidio, entre otros. Cuando arribó a Cesarea se enteró con consternación de que en esos días tenía lugar la *caterva*, antigua tradición en la que todos los pobladores tomaban parte, incluidos los niños; para ello se dividían en dos grupos y durante varios días contendían con piedras, con la intención de dar de baja a tantos cuantos pudieran del otro bando, sin importar si era padre, hermano o hijo. Para acabar con esa salvaje costumbre Agustín hubo de recurrir a sus mayores dotes de orador, que nunca fueron tan oportunas. En efecto, su llamado a la sensatez y a la paz arrancó aplausos de todos los presentes, hartos ya de semejante tradición, pero él continuó su admonición hasta que los movió al llanto del arrepentimiento. Sólo entonces pudo estar seguro de haber obrado un cambio radical en el corazón de aquellas gentes.

Las grandes polémicas

La unidad de la Iglesia

Como obispo los asuntos personales que habían interesado al joven Agustín, incluso cuando ya era presbítero, comenzaron a ceder su sitio ante las cuestiones universales suscitadas por la historia de la Iglesia. El maniqueísmo había sido una pesadilla de juventud, y para él ya no tenía mayor cabida ni siquiera en sus consideraciones dogmáticas, tanto menos cuanto que las medidas estatales para luchar contra la secta habían sido efectivas. A los cuarenta y cinco años preocupaciones más urgentes, más reales, ocupaban la mente y el tiempo de Agustín. La primera de ellas la constituía la disputa con los donatistas. El origen del cisma donatista se remontaba a la época de las últimas persecuciones bajo Diocleciano. En el norte de África hubo entonces algunos obispos que, intimidados por las armas, accedieron a entregar las Sagradas Escrituras a las autoridades. Hubo otros que, por el contrario, resistieron con heroísmo ante las amenazas, llegando incluso a entregar su vida antes que las Escrituras. Pasada la persecución, y ya bajo el reinado de Constantino, los dos bandos no pudieron ponerse de acuerdo en la elección de sus obispos. En efecto, quienes permanecieron fieles en la prueba rechazaron la validez del nombramiento de aquellos que habían flaqueado, pues la apostasía en que habían incurrido quienes entregaron los libros sagrados no sólo los hacía indignos de recibir cualquier sacramento sino que los había excluido de la propia Iglesia. Quienes habían cedido aducían, por su parte, que la eficacia del sacramento no depende de la santidad del ministro, y no estaban dispuestos a renunciar a su carácter universal, esto es, católico. Uno de los primeros obispos de la facción que resistió fue Donato, de donde sus seguidores comenzaron a ser conocidos como donatistas, aunque ellos siempre rechazaron tal denominación, pues, como no habían caído en apostasía, se consideraban los únicos verdaderos cristianos en el norte de África. A lo largo de los últimos decenios la situación había llegado a ser muy complicada, pues aparte de los desacuerdos teológicos otros temas enrarecían las relaciones. Estaba, en primer lugar, el acceso a subvenciones del Estado y exenciones fiscales, que cobijaban a los católicos, pero no a los donatistas, por lo que éstos en repetidas ocasiones habían solicitado el reconocimiento de su Iglesia, sin que sus peticiones hubieran tenido éxito. No menos problemático era el hecho de que en todo ese tiempo la sociedad africana se había ido polarizando alrededor de las dos Iglesias, hasta el punto de que los católicos tendían a ser identificados con el segmento romano, urbano y próspero de la población, mientras los donatistas se habían hecho fuertes en el medio autóctono —bereber o púnico—, rural y empobrecido, aunque estas adscripciones no tenían carácter absoluto. Agustín intuyó el carácter popular del donatismo, y compuso unos versos mnemotécnicos en los que presentaba sus errores. A medida que se involucraba más en la discusión, estos recursos sencillos dieron paso a elaboradas obras de discusión histórica y teológica. A diferencia de la disputa con los maniqueos, los elaborados medios retóricos de Agustín tuvieron poco efecto en su enfrentamiento con los donatistas, pues éstos rehuían tales enfrentamientos dialécticos; no tenían nada que hablar con apóstatas. Un aspecto siniestro del conflicto lo constituyó el partido de los circunceliones, ala extrema y violenta de la Iglesia donatista. Aunque no puede decirse que los hechos de terror perpetrados por los circunceliones tuviesen una base teológica y un respaldo oficial de la Iglesia donatista, ésta adoptó una posición ambigua frente a ellos, lo que en la práctica se interpretaba como un cierto respaldo. Los circunceliones eran bandas de malhechores escudados en supuestos principios religiosos. Obraban en las áreas rurales, y estaban dispuestos a morir en el combate, lo que para ellos era equiparable con el martirio de quienes habían caído bajo las persecuciones. Sus objetivos comprendían tanto figuras católicas destacadas, monjes, clérigos y obispos, como autoridades estatales, pues éstas habían confiscado sus iglesias y los reprimían con dureza. Agustín era uno de los blancos apetecidos por estos facinerosos, pero él, sin arredrarse, continuaba su labor pastoral. Poco faltó, sin embargo, para que, en uno de sus tantos viajes, hubiera caído en una emboscada tendida por los circunceliones; se salvó sólo porque el conductor erró el camino.

En medio de tantos desmanes, muchos católicos tampoco estaban dispuestos a convivir con donatistas pacíficos, ni siquiera a aceptar a donatistas arrepentidos y convertidos. Agustín tenía que hacer esfuerzos no sólo para combatir la doctrina de los cismáticos, sino también la intolerancia de algunos católicos. Nunca se cansaba de llamar al amor y la comprensión como única forma para resolver las diferencias, inevitables en este mundo donde santos y pecadores están mezclados, y donde nadie puede por sí mismo escapar a su condición pecadora. Su benevolencia se extendía a sus propios adversarios, como se pudo ver cuando Posidio, obispo de Calama y antiguo monje de su monasterio, fue asaltado por los circunceliones, que lo robaron, dejándolo muy malparado. Posidio presentó querella contra Crispino, el obispo donatista del lugar, que fue encontrado culpable de herejía, imponiéndosele una multa. Posidio abogó para que se le condonara la multa, cosa que logró, pero Crispino, no contento con ello, apeló la decisión ante el emperador. Éste no sólo confirmó la sentencia, sino que determinó el pago inmediato de diez libras de oro, según lo contemplado por la ley para los herejes. Ahora el propio Agustín intervino ante el emperador, y logró obtener la remisión de la condena por segunda vez. Pero una situación tan inestable no podía perdurar. El acontecimiento que marcó el giro decisivo que llevaría a la supresión efectiva del donatismo fue el ataque sufrido por Maximiano, obispo de Bagai. A éste se le había restituido su iglesia de manos donatistas, pero un grupo de ellos lo asaltó, infligiéndole graves heridas que los hicieron pensar que había muerto. El malherido obispo fue encontrado y cuidado con gran celo, y cuando se recuperó se presentó en la propia corte imperial, para denunciar tan grave atropello. El emperador Honorio, que era un cristiano piadoso, consideró inaceptable semejante estado de cosas, mucho más cuanto que no quería que las provincias de África estuviesen divididas, ahora que Alarico se paseaba por Italia con su ejército de visigodos. Por ello Honorio no sólo declaró ilegal el donatismo, sino que determinó que los obispos católicos y donatistas habrían de sostener una reunión para discutir sus títulos al reconocimiento por parte del Estado. Un legado imperial presidiría aquella conferencia y, oídos los argumentos de ambas partes, tomaría una decisión contra la que ya no cabría apelación alguna. El poder temporal era el más interesado en la reunificación de la Iglesia africana. El emperador designó a Heracliano como comandante militar y a Marcelino como tribuno encargado de decidir la cuestión.

Con cincuenta y seis años, Agustín vivía uno de los momentos más tensos de su vida. Hacía pocos meses Roma había sido saqueada por Alarico y sus tropas. La población estaba desmoralizada. Muchos refugiados de la península arribaban a África en busca de seguridad. Había que recibir a muchas personas y atender sus necesidades materiales y espirituales. Había que responder a quienes murmuraban contra la Iglesia, acusándola de la caída de Roma. Había que empezar a preparar la conferencia con los donatistas. La salud de Agustín colapsó ante tantas y tan graves preocupaciones. Hubo de abandonar Hipona y retirarse a una casa de campo para descansar y recuperarse. En medio de tanta perturbación encontró en Marcelino, un ferviente católico, a un amigo, un discípulo, un hijo. En él pudo descargar sus turbaciones e inquietudes, y de él recibió la idea de componer una gran obra donde se explicase por qué la caída de Roma no podía achacarse a la difusión del cristianismo y en qué momento de la historia y con qué fin había aparecido la Iglesia. De esta sugerencia iba a surgir la gran obra de Agustín *La ciudad de Dios*, que le tomaría quince años concluir.

La conferencia con los obispos donatistas

Mientras tanto, los obispos católicos pudieron reunirse por fin con los donatistas. Estos últimos habían esquivado una ocasión así durante años, pero ahora, forzados por el brazo secular, no tuvieron más remedio que acceder al encuentro. Las reglas de juego se establecieron con toda claridad para que nadie pudiese objetar las actas ni las decisiones que allí se iban a tomar. Por cada parte tomarían la palabra siete obispos, que estarían asesorados por otros siete. Para supervisar la elaboración de las actas habría cuatro obispos de cada denominación, así como cuatro notarios para ayudar a los taquígrafos del juez. El propio juez, aunque católico, estaría asesorado por un colegio de funcionarios imperiales. El concilio no se reunió en una basílica sino en una edificación estatal, las termas de Gargilio en Cartago. Cada parte hizo el mayor esfuerzo para que asistiese el mayor número posible de obispos africanos. De los donatistas se presentaron 279; de los católicos, 286. Ambas Iglesias eran prósperas en el norte de África, y las sedes episcopales eran menores de lo que serían más tarde. Dado el gran número de obispos, no se permitió la asistencia de fieles, pues ello habría congestionado las reuniones y ocasionado problemas de orden público. Agustín les pidió a sus feligreses que permaneciesen en las iglesias orando por ellos. Por solicitud de los donatistas, el primer día se fue en el llamado a lista, y en el reconocimiento y aceptación de cada uno de los obispos presentes. Al día siguiente comenzó la conferencia. Los obispos donatistas permanecieron de pie, pues no aceptaron sentarse en medio de pecadores. Ello obligó a que los obispos católicos y los funcionarios tuviesen que quedarse también de pie toda la jornada. Cuando Agustín tomó la palabra instó a una reconciliación en el espíritu de caridad, aceptó que por debilidad los hombres pueden cometer y cometen errores, pero que ello en ningún caso debe poner en peligro la unidad de la Iglesia, cuya única cabeza es Cristo. De su espíritu proceden todos los dones y todas las gracias de los sacramentos, por lo que es inoficioso exigir la pureza de los hombres como su garantía. Hacia el final del día, muchos obispos donatistas estaban conmovidos y resueltos a pedir la readmisión en el seno de la Iglesia católica; otros, como Petiliano y Emérito, volvían sobre aquellos mismos puntos que ya habían sido refutados por los católicos, sin aportar nuevas pruebas a favor de su posición. Ya entrada la noche, oídos todos los argumentos y elaboradas las actas, el juez Marcelino, después de deliberar con sus asesores, concedió la victoria a los católicos. Con ello se disolvía la Iglesia donatista, pasándose muchos de sus fieles y obispos a la Iglesia católica, donde no siempre fueron bien acogidos, a pesar de los ruegos de los obispos, comenzando por Agustín. Durante un tiempo persistieron actos de violencia, pero como movimiento eclesial y doctrinal el donatismo comenzó a desaparecer, fusionándose poco a poco en la corriente principal del catolicismo.

Intrigas mortales

Tras el saqueo de Roma, la situación política y militar del Imperio continuó agravándose. Heracliano, el antiguo jefe militar de África, se sublevó en la península, pero vencido, huyó a Cartago, donde fue ultimado por agentes del emperador. En la purga subsiguiente cayeron todos los que habían tenido alguna relación política con Heracliano, entre ellos Marcelino, que fue arrestado y condenado a muerte por traición. Agustín, que para entonces ya había escrito los primeros dos libros de *La ciudad de Dios*, y los había dedicado a su amigo, lo visitó en prisión e interpuso toda su influencia ante la corte para que se le perdonara la vida. Logró la remisión de la pena, pero el nuevo gobernador militar, enterado de los oficios del obispo, se apresuró a hacer ejecutar la condena antes de que se le notificase el indulto imperial. Apenas dos años después de la gran victoria contra los donatistas, el juez de la causa, hijo de la Iglesia e hijo del corazón de Agustín, murió decapitado el día de la festividad de San Cipriano, patrón de África. Agustín quedó desolado. El brazo secular que lo había ayudado a restablecer la unidad de la Iglesia le quitaba ahora a uno de sus fieles más devotos. Comprendió de pronto que la Iglesia podía trabajar con el Imperio, pero que los fundamentos y los fines de ambas instituciones eran muy distintos, y así como el poder político podía colaborar con metas religiosas, podía así mismo ir contra ellas. Amargado abandonó Cartago, prometiéndose no volver en mucho tiempo.

Un laico inglés

La caída de Roma iba a tener otra consecuencia en el hasta entonces provincial mundo africano, pues familias poderosas buscaron refugio en África, donde muchos de ellos tenían extensas fincas. En comparación con los lujos de la metrópoli, las ciudades africanas diferentes de Cartago les parecieron pequeñas y pobres a los recién llegados. Los lugareños, por su parte, estaban deslumbrados con la nobleza y opulencia de aquellos potentados. Agustín iba a encontrar entre aquellos refugiados ricos a algunos dispuestos a renunciar a sus posesiones para entregarlas a la Iglesia y a los pobres, y llevar una vida religiosa. Con esas personas llegaron también sus ideas y sus líderes, mal conocidos en África, pero prestigiosos en los centros del poder religioso y político, Roma y Ravena. Un laico inglés, influyente en las clases acomodadas de la península, arribó en esa marea de gente. El británico Pelagio había llegado a Roma por la misma época que Agustín, y aunque había estudiado derecho, pronto se había dedicado a cuestiones de ascética y teología. En Roma había ganado fama de persona recta y justa, por lo que podía respaldar sus opiniones con su impecable vida personal. Muchas familias importantes seguían sus consejos, y su influencia se extendía incluso a ciertos clérigos. Cuando la situación en Italia se deterioró por causa de las invasiones, Pelagio pasó a Sicilia, y luego a África. Estuvo en Hipona en la época en que Agustín convalecía de su enfermedad en el campo, y luego asistió en Cartago a la resolución de la polémica con los donatistas. Años después Agustín recordaría haberlo visto entre la multitud una o dos veces. La fama no sólo seguía a Pelagio sino que su bien armada red de informantes le preparaba el camino y lo mantenía al tanto de oportunidades de difundir sus ideas. Pronto se dio cuenta de que el ambiente africano no era propicio para su doctrina, por lo que emigró a Palestina. En el mundo oriental se sentía más cómodo. Pero allí encontró a Jerónimo, que desde hacía un par de decenios se había establecido en Belén, donde se dedicaba a elaborar una nueva traducción latina de la Biblia. Jerónimo y Agustín eran viejos corresponsales, aunque por el carácter áspero del primero su relación nunca fue la mejor. Sin embargo, en este asunto los dos viejos hombres de iglesia estaban unidos. Agustín estaba confundido, pues no lograba determinar con precisión el contenido de la enseñanza pelagiana. Por eso, cuando se presentó a su monasterio un animoso joven español, de inmediato lo envió a Palestina, con el encargo de hacer acopio de escritos auténticos de Pelagio. Orosio, que así se llamaba el ibérico, cumplió a medias su cometido, pues queriendo representar a Agustín en un sínodo local en Jerusalén en el que se ventilaba la causa de Pelagio, no logró sino crear hostilidad hacia su propia persona a la vez que Pelagio salía fortalecido exhibiendo como aval una sucinta nota de saludo de Agustín. Entre tanto, los obispos africanos ya mejor informados habían condenado en dos concilios la nueva herejía. Enviaron sus decisiones al papa Inocencio para que las confirmase, cosa que éste hizo de buen grado, no sólo porque le disgustaba la doctrina pelagiana sino porque se complacía en ejercer su poder de primado apostólico. Cuando Agustín recibió las cartas con la decisión pontificia exhaló un suspiro de alivio, pues había temido que la tortuosa diplomacia de los pelagianos lograse convencer al papa de su ortodoxia, con lo que Agustín habría pasado de acusador a acusado. Por eso en su siguiente sermón al pueblo —se encontraba en Cartago— pudo proclamar triunfante: *Roma locuta, causa finita est* —"Roma ha hablado, la causa está resuelta".

El pelagianismo

El motivo de tantos ires y veneres por todo el Mediterráneo era la predicación pelagiana acerca de la capacidad natural del hombre para alcanzar la perfección. Ello implicaba negar que el pecado de Adán hubiese afectado a todo el género humano y ponía en cuestión la necesidad del sacrificio redentor de Cristo para la salvación. Aunque se presentaba como un ascetismo cristiano, el programa de Pelagio estaba más cerca de los ideales helenísticos sobre la figura del sabio. Entre tanto, el papa Inocencio había muerto y los pelagianos aprovecharon la situación para pedir la revisión de su causa al nuevo papa. Zósimo era de origen griego, por lo que de cierta manera estaba mejor dispuesto que su antecesor frente a la doctrina pelagiana, además no estaba al tanto de los pormenores de la situación y tendía a ser influenciable. Pelagio y su amigo Celestio no negaban el carácter herético de las tesis condenadas por Inocencio; negaban que ellos hubiesen sostenido tales tesis, para lo cual aportaban nuevos libros donde se exponían sus ideas al respecto. El papa Zósimo pensó que podía cometer una injusticia si condenaba a aquellos dos hombres que habían hecho profesión de fe a sus pies. Entonces el papa les exigió a los africanos que revisaran su sentencia o que hiciesen la acusación en persona, delante de él mismo. Les fijaba un plazo de dos meses para proceder. En Cartago un sínodo fue convocado a toda prisa, y en él se le rogó al papa que no revisara la sentencia de Inocencio a menos que Pelagio y Celestio confesaran la necesidad de la gracia interior para todos los pensamientos, palabras y obras justos. Parece que esto convenció a Zósimo, pues trasladó la causa a Cartago para que se ventilase en un gran concilio al año siguiente. Al mismo tiempo el emperador Honorio, preocupado por las disensiones que este nuevo movimiento podía causar en su debilitado reino, expulsó a los pelagianos de Italia. Concluido el concilio de Cartago, Agustín emprendería un largo viaje a Cesarea de Mauritania. Tenía sesenta y tres años. Cuando Zósimo recibió las actas del concilio de Cartago, expidió con base en ellas su famosa *Epístola Tractoria*, donde emite el veredicto definitivo de condena de la herejía pelagiana. El triunfo de Agustín esta vez era completo.

Confrontación con Juliano

Los hechos, sin embargo, pronto habrían de desencantarlo de su ilusión de victoria. Juliano de Eclano, un culto obispo del sur de Italia, por cuyo padre, también obispo, Agustín había sentido especial afecto, se contaba entre los seguidores de Pelagio que habían sido obligados a abandonar Italia por el edicto imperial. Por primera vez en su vida Agustín encontró a un rival de su calibre. En obras extensas, abundantes en erudición y ricas en retórica, Juliano puso en circulación acerbas críticas a la doctrina y a la persona de Agustín. Del obispo de Hipona criticó su provincialismo, su origen púnico, su raza morena. Todo lo soportó Agustín con paciencia, tratando de sacar la discusión del terreno personal. Sólo cuando Juliano se burló de alguna debilidad juvenil de su propia madre, Mónica, Agustín se exasperó. Con dureza replicó que siquiera los piadosos padres de Juliano estaban en el cielo, pues así no habían tenido que llorar el descarrío de su hijo. En asuntos de doctrina, Juliano dirigió sus dardos a la actitud de Agustín respecto del matrimonio y la sexualidad. Lo acusó de seguir siendo maniqueo, pues hacía del mal, encarnado en el sexo, un principio autónomo, diferente de la naturaleza buena creada por Dios. Estos ataques obligaron a Agustín a precisar sus opiniones sobre la bondad del matrimonio y de la sexualidad como capacidad natural. Lo malo no era el sexo en sí mismo, sino su autonomía de la voluntad. La índole recalcitrante del deseo sexual era efecto de la caída de Adán, y había pasado a todo el género humano. Pero el sexo en sí mismo era bueno, y en el orden del Paraíso los hombres habrían disfrutado de él. Las acusaciones de Juliano se multiplicaban, y así mismo las respuestas de Agustín. Durante diez años los dos obispos contendieron en una pugna cuyos adversarios, más que Juliano y Agustín, eran el mundo griego de la naturaleza y el universo cristiano de la gracia. Dos años antes de morir, Agustín dejó de contestar a la obra de Juliano. En su ancianidad, otras urgencias lo reclamaban.

La vida diaria

Agustín no era de fuerte constitución física, y aunque vivió una larga vida, ella no estuvo exenta de quebrantos de salud y algunas enfermedades graves. Desde su conversión vivió con pobreza, pero con modestia y dignidad; sin ostentación, pero sin abyección, pues ambos extremos podían dar pie a habladurías y consejas. Su mesa no era abundante, y en ella se servían verduras y legumbres; en ocasiones carne, cuando había huéspedes o la salud de algún hermano lo requería. En cambio, el vino nunca faltaba, por tratarse de una bebida sana tomada con moderación, e incluso medicinal para las afecciones de estómago. La vajilla era de cerámica, madera o piedra, y sólo las cucharas eran de plata. A la mesa Agustín se sentaba más con ánimo de compartir la lectura y la conversación que por el apetito de comer y beber. Sobre la mesa del comedor había hecho marcar estos versos: *el que es amigo de roer vidas ajenas, no es digno de sentarse en esta mesa*. En cierta ocasión en que unos amigos suyos, también obispos, no observaron la discreción requerida, los amonestó con severidad, pues o aquellos versos se borraban o él tendría que levantarse de la mesa y retirarse a su habitación. Por causa de las muchas donaciones y herencias, la iglesia de Hipona era próspera, pero esto era para Agustín más causa de pena que de alegría, por las muchas envidias que ello despertaba. Por eso hubiera preferido donar todos los bienes a los pobres de su iglesia, y él y su comunidad vivir de la limosna de los fieles, pero éstos nunca aceptaron ese ofrecimiento. Él mismo no administraba las posesiones de su iglesia, sino que delegaba su cuidado en quienes consideraba más capaces, y recibía el estado anual de cuentas sin entrar nunca en los detalles de la contabilidad. Aceptaba las herencias que se le ofrecían a la iglesia, siempre que la familia no estuviese necesitada de ellas o la donación fuera a ser más causa de discordia que de contento. Con los hermanos de su comunidad lo tenían todo en común, casa, mesa y vestuario. Cuando se le ofrecía algún vestido muy fino lo recibía, pero no lo usaba sino que lo vendía, para atender mejor las necesidades de sus fieles. Nunca se permitió ni permitió a sus monjes un trato familiar con las mujeres, y siempre las recibía en compañía de otro clérigo. Aducía para esa severidad, mayor que la exigida por los cánones de la Iglesia, que aunque los varones de las comunidades fuesen castísimos, la presencia de mujeres sin aquellos controles podía ser ocasión de escándalo para los débiles. Esa actitud la mantuvo incluso con su hermana, viuda y consagrada al Señor, y sus sobrinas. Visitaba con presteza a los enfermos, a las viudas y a los fieles en tribulación, pero era parco en otra clase de visitas. Seguía y recomendaba que los religiosos siguieran la recomendación de Ambrosio de no entrometerse en concertar matrimonios, ni aconsejaran la vida militar, ni asistieran en su patria a ningún banquete, pues de estas actividades podían seguirse rencillas, acusaciones o debilidades de carácter. Del mismo Ambrosio le gustaba citar lo que había respondido cuando, en trance de morir, quienes lo rodeaban lo instaban para que le pidiera al Señor una prórroga para su vida. Ambrosio había dicho entonces que no había vivido de modo que se avergonzara de seguir entre ellos, pero tampoco lo asustaba la muerte, pues tenían un buen Señor. Como Ambrosio, Agustín no quería presumir de haber llevado una vida intachable sino, más bien, prefería acogerse a la bondad del Señor, a quien todos los días le pedía perdón por sus deudas.

El fin

Los *últimos días*

Así, ante la inminencia del fin de su vida terrena, Agustín designó al buen sacerdote Heraclio como su sucesor, aunque no habrían de nombrarlo obispo antes de que él muriera. Pudo, así mismo, pasar revisión a todo el conjunto de sus obras, pues en más de 40 años de dictado y escritura, muchos errores o expresiones poco felices podían haberse deslizado en los códices. Mientras ponía este valioso broche a su obra, en lo que quedaba del Imperio los acontecimientos se desenvolvían con rapidez. Un año antes de la muerte de Agustín tribus bárbaras habían atravesado desde España el estrecho de Gibraltar, dando inicio así a la conquista del África Proconsular, última provincia occidental del Imperio en sufrir los rigores de las invasiones. Un numeroso contingente de 80 mil personas, la mayoría vándalos, pero también alanos y godos, se regaron por el norte de África bajo el mando del general Genserico. Como todos los pueblos que cayeron sobre el Imperio desde fines del siglo IV, los vándalos también eran cristianos arrianos, lo que añadió un elemento adicional de ferocidad a sus incursiones contra la población local. Sus ataques, en efecto, comprendían no sólo los acostumbrados y temidos actos de pillaje, saqueo, incendio, estupro de las mujeres y esclavitud de los hombres, sino también un encarnizamiento particular con los edificios, ornamentos y ministros de la Iglesia católica, adversaria secular del arrianismo. Para el anciano y débil Agustín esta situación era muy amarga, pues su corazón no sólo consideraba las penurias físicas a que estaba sometida la población sino, sobre todo, la desazón espiritual que se seguía de todo ello. Durante 40 años, primero como sacerdote, luego como obispo, había cuidado de aquel pueblo, había logrado que se superase la división suscitada por el donatismo, lo había visto crecer en la fe, había provisto desde su monasterio la mayoría de los obispos de aquella provincia, había hecho, en fin, todo lo que estaba a su alcance para que la región viviese en la presencia del Señor, pero este mismo Señor ahora permitía que fuesen sometidos a la más dura prueba. Su vida, de noche y de día, se volvió un llanto permanente, y su congoja aumentó cuando su misma ciudad, la sede episcopal de Hipona, fue sometida a sitio, por tierra y por mar, pues los invasores también poseían ya superioridad marítima. ¡Qué distinta era la guerra vivida a la guerra oída! Él, que a propósito de la devastación de Roma había hecho su mayor esfuerzo literario al componer *La ciudad de Dios*, pudo entrever la cortedad de sus elucubraciones cuando se las confrontaba con la dura realidad de la guerra. La tarea ahora no era la de ofrecer una apología de la acción de Dios en la historia del mundo sino la de acoger y consolar a cientos, a miles de personas que lo habían perdido todo, fortuna y dignidad, si no lo peor, la propia fe por la que Agustín había combatido con tanto denuedo. Por eso, en su última carta sus instrucciones eran inequívocas: los pastores debían permanecer con su grey y sólo les era lícito buscar su salvación cuando el propio pueblo que cuidaban se hubiera retirado a su vez.

La muerte

Tal estado de espíritu y sus muchas preocupaciones no le robaron, sin embargo, la presencia de ánimo, pues se fortalecía con el pensamiento de Plotino de que no será grande el hombre al que extrañe ver caer los muros y morir los mortales. No obstante este recurso a la filosofía, para él la última palabra la seguían teniendo los juicios insondables de Dios, a quien le rogaba que cesase el asedio a la ciudad o, de ser otro su querer, lo fortificase a él y a los demás para cumplir su voluntad, o lo sacase de este mundo para llevarlo consigo. A los tres meses del sitio la salud del anciano se derrumbó. Unas fiebres lo atacaron y ya no se pudo incorporar del lecho. Los fieles siguieron acudiendo a él en busca de consuelo y edificación. Así, por sus súplicas fueron liberados del demonio algunos que le habían sido presentados. A otro, sin embargo, que le llevó un enfermo para que le impusiese las manos, le replicó que si tuviese tal don de curación lo aplicaría primero en sí mismo. Quería, sin duda, espantar falsas credulidades centradas en su persona y no en Dios. El hombre le insistió, asegurándole que en un sueño se le había comunicado que fuese donde el obispo Agustín; y entonces éste, reconciliado, le impuso las manos al enfermo, que en ese mismo punto sanó. Ya hacia el final hizo fijar una copia de los salmos penitenciales en la pared de su habitación, y dio orden de que no se le importunara, como no fuese para llevarle alimentos o medicinas. Durante diez días preparó su alma y la purificó, por última vez, de los pecados que había cometido en su larga vida. Este hombre, que siempre estuvo acompañado, pudo así vivir, por fin, lo que había predicado como joven converso: "sólo me interesa el alma y Dios; nada más". Así, en la presencia de Dios, exhaló su último aliento el 28 de agosto del año 430. El sitio de Hipona habría de durar todavía once meses más. Aunque la ciudad fue incendiada, la iglesia de Agustín y su biblioteca fueron preservadas como por milagro. El clero que educó y los libros que escribió fueron el único testamento de este hombre pobre en todo lo demás. En el siglo VI sus restos fueron trasladados a Cerdeña, y en el siglo VIII a Pavía, donde reposan en la basílica de San Pedro.

Epílogo

Agustín de Hipona es la figura culminante de los primeros siglos del cristianismo. Su obra inmensa constituye su gran legado a la posteridad. Agustín es el teólogo por excelencia de la Iglesia, y es difícil decidir cuál de sus logros teológicos es más impresionante. En una presentación de su vida es inevitable que resalten aquellos aspectos que le causaron mayores preocupaciones —como la corrección de sus errores maniqueos de juventud o su lucha con los donatistas por la unidad de la Iglesia— o en los que fue más combativo —como la larga polémica con los pelagianos o su apología de la ciudad de Dios—. Sin embargo, en cierto sentido, estas manifestaciones externas, espectaculares como pueden ser, se alimentan en silencio de la savia de sus estudios de la Escritura y de su intensa vida espiritual. Su labor en estos ámbitos la recoge con mayor dificultad una narración de su vida, pero tan decisivo como aquello es su trabajo dogmático, en especial el que dedica a la Trinidad —paradigma del pensamiento cristiano— y sus muchos comentarios de la Biblia, en particular del libro del Génesis y del Evangelio de Juan, que marcaron durante siglos un modelo de interpretación de la Escritura. Su vida espiritual se desarrolla al ritmo de los siempre presentes Salmos, y las reglas que dictó para la convivencia monástica ayudaron a forjar una institución que brillaría durante siglos.

Pero Agustín también es pastor de almas, y sus consejos sobre la abstinencia, el matrimonio, la virginidad, la viudez, el culto de los muertos, delinean el curso de la moral cristiana incluso hasta hoy, y sus cientos de sermones y de cartas lo aproximan a las preocupaciones constantes de los hombres de todos los tiempos.

Mención aparte merecen sus *Confesiones*, obra singular, equiparable a lo mejor de cualquier autor en cualquier época. Frente a todo esto parecen palidecer sus elucidaciones filosóficas, y, sin embargo, sus reflexiones sobre el lenguaje y la interpretación, sobre la libertad y la voluntad, sobre la fe y la razón, han proporcionado abundante material de reflexión a filósofos de todos los siglos. Aunque con dificultad su obra se pueda abarcar, su genio es inabarcable, y seguirá siendo maestro predilecto de todos aquellos que buscan la verdad.

En la historia, Agustín vive en una coyuntura que él mismo ayuda a constituir. Si bien experimenta el derrumbe del mundo de la Antigüedad tardía, tiene la claridad y la sensatez para rescatar lo mejor de ese mundo y transmitirlo a la posteridad. Con ello quizás lo pone al servicio de su propia teología, pero este fue un gravamen menor que la cultura clásica pagó por su supervivencia. Esta fusión del mundo clásico en el seno del cristianismo constituye el germen mismo de la Edad Media.

Agustín no se sitúa entre la Antigüedad y el Medioevo, como si éste hubiera podido darse sin el obispo de Hipona. No. Agustín vive al final de la Antigüedad y presta una contribución decisiva para que un día llegue a haber Edad Media. Así, Agustín no sólo es Padre de la Iglesia, sino también, en un sentido mucho más profundo, padre de la cultura de Occidente .

CRONOLOGÍA

354: Nace en Tagaste (actual Souk Ahras, Argelia), el 13 de noviembre.

362: Comienza estudios de primaria.

366: Va a Madaura, para estudios de secundaria.

370: Vuelve a Tagaste.

371: Va a Cartago, para estudios superiores. Comienza relación de pareja.

372: Muere su padre, Patricio. Nace su hijo, Adeodato.

373: Lee el *Hortensio* de Cicerón.

374: Inicia relación con el maniqueísmo.

375: Vuelve a Tagaste para enseñar.

376: Muere un amigo muy querido. Va a Cartago para enseñar.

380: Escribe *De lo bello y lo apto*.

383: Viaja a Roma para enseñar.

384: Es nombrado profesor de retórica. Viaja a Milán a asumir el cargo. Escucha a Ambrosio. Se aleja del maniqueísmo.

385: Su madre, Mónica, llega a Milán. Atraviesa un periodo escéptico.

386: Termina su relación de pareja. Lee a los platónicos. Lee a Pablo. Experimenta la conversión. Viaja a Casiciaco con amigos. Escribe los primeros *Diálogos*.

387: Vuelve a Milán, donde es bautizado por Ambrosio la noche del 24 de abril. Viaja a Ostia. Muere Mónica. Se aloja en Roma.

388: Regresa al África (Cartago y Tagaste). Establece una comunidad.

389: Muere Adeodato.

391: Va a Hipona (actual Annaba), donde es ordenado presbítero. Traslada la comunidad.

392: Comienza el *Comentario a los Salmos.*

395: Es ordenado obispo auxiliar de Hipona. Comienza *La doctrina cristiana.*

396: A la muerte de Valerio, asume como obispo titular de Hipona. Responde a Simpliciano y sienta las bases de su doctrina sobre la gracia.

397: Inicia las *Confesiones.*

399: Comienza el *Tratado sobre la Trinidad.*

401: Concluye las *Confesiones.* Inicia el *Comentario literal al Génesis.*

410: Sufre serios quebrantos de salud.

411: Se confronta con los donatistas en Cartago.

413: Concluye el *Comentario literal al Génesis.* Comienza *La ciudad de Dios.*

418: Concluye el *Comentario a los Salmos.* Participa en el concilio de Cartago contra los pelagianos.

420: Concluye el *Tratado sobre la Trinidad.*

421: Comienza larga polémica con Juliano de Eclano.

426: Nombra como sucesor a Heraclio. Comienza las *Reconsideraciones.*

427: Concluye *La ciudad de Dios*.

428: Responde a Próspero, a propósito de los monjes de Marsella.

430: Muere en una Hipona sitiada por los vándalos, el 28 de agosto.

Bibliografía general

Las obras completas de Agustín se encuentran en edición bilingüe español/latina en la Biblioteca de Autores Cristianos —BAC—, de Madrid.

Brown, Peter, *Agustín de Hipona*, Ed. Acento, Madrid, 2001.

Apreciada como la mejor biografía de San Agustín, es útil también como presentación de las principales ideas del pensamiento agustiniano.

Chadwick, Henry, *Agustín*, Ed. Cristiandad, Madrid, 2001.

Breve presentación de un gran especialista.

Cremona, Carlo, *Agustín de Hipona. La razón y la fe*, Ed. Rialp, Madrid, 1991.

Biografía con tintes de novela, pero contiene datos útiles.

Fitzgerald, Allan D. (ed.), *Diccionario de San Agustín. San Agustín a través del tiempo*, Ed. Monte Carmelo, Burgos, 2001.

Obra básica de consulta.

García-Junceda, José Antonio, *La cultura cristiana y San Agustín*, Ed. Cincel, Madrid, 1992.

Breve presentación de su pensamiento en el contexto de la cultura de la Antigüedad tardía.

O'Meara, John J., *The Young Augustine. The Growth of St. Augustine's Mind Up to His Conversión*, Ed. Society of St. Paul, Staten Island (NY), 2001.

Presentación erudita de las influencias intelectuales en Agustín hasta su conversión.

Rist, John M., *Augustine. Ancient Thought Baptized*, Cambridge University Press, Cambridge (Inglaterra), 1994.

Obra técnica, sólo apta para quien ya tenga un conocimiento básico del pensamiento agustiniano.

Stump, Eleonore y Norman Kretzmann (eds.), *The Cambridge Companion to Augustine*, Cambridge University Press, Cambridge (Inglaterra), 2001.

Colección de artículos recientes escritos por especialistas del ámbito anglosajón.

Trapè, Agostino, *San Agustín. El hombre, el pastor, el místico*, Ed. Porrúa, México, 1994.

Una presentación quizás demasiado emotiva, pero útil, de un gran especialista.

Wills, Garry, *San Agustín*, Ed. Mondadori, Barcelona 2001.

Sugestiva presentación que se aparta de los caminos trillados.

En internet

http://ccat.sas.upenn.edu/jod/augustine.html
http://www.augustinus.it/
http://www.augustinus.de/

Sumario

Este libro se terminó de imprimir en el mes de diciembre
del año 2004 en los talleres bogotanos
de Panamericana Formas e Impresos S. A.
En su composición se utilizaron tipos
Sabon, Bodoni Poster y Akzidens Grotesk
de la casa Adobe.

SP
B A923F

Friends of the
Houston Public Library

Florez Florez, Alfonso.
San Agustin : la persuasion
de Dios
Montrose ADU CIRC
12/06